チョウクライロ

古代出羽国の謎のことば

長瀬　一男

学文社

もくじ

第二章　小滝金峰神社をとりまく自然と歴史　24

第三章　霊を鎮める宮廷儀式の舞楽　54

図1　チョウクライロ舞関連地図

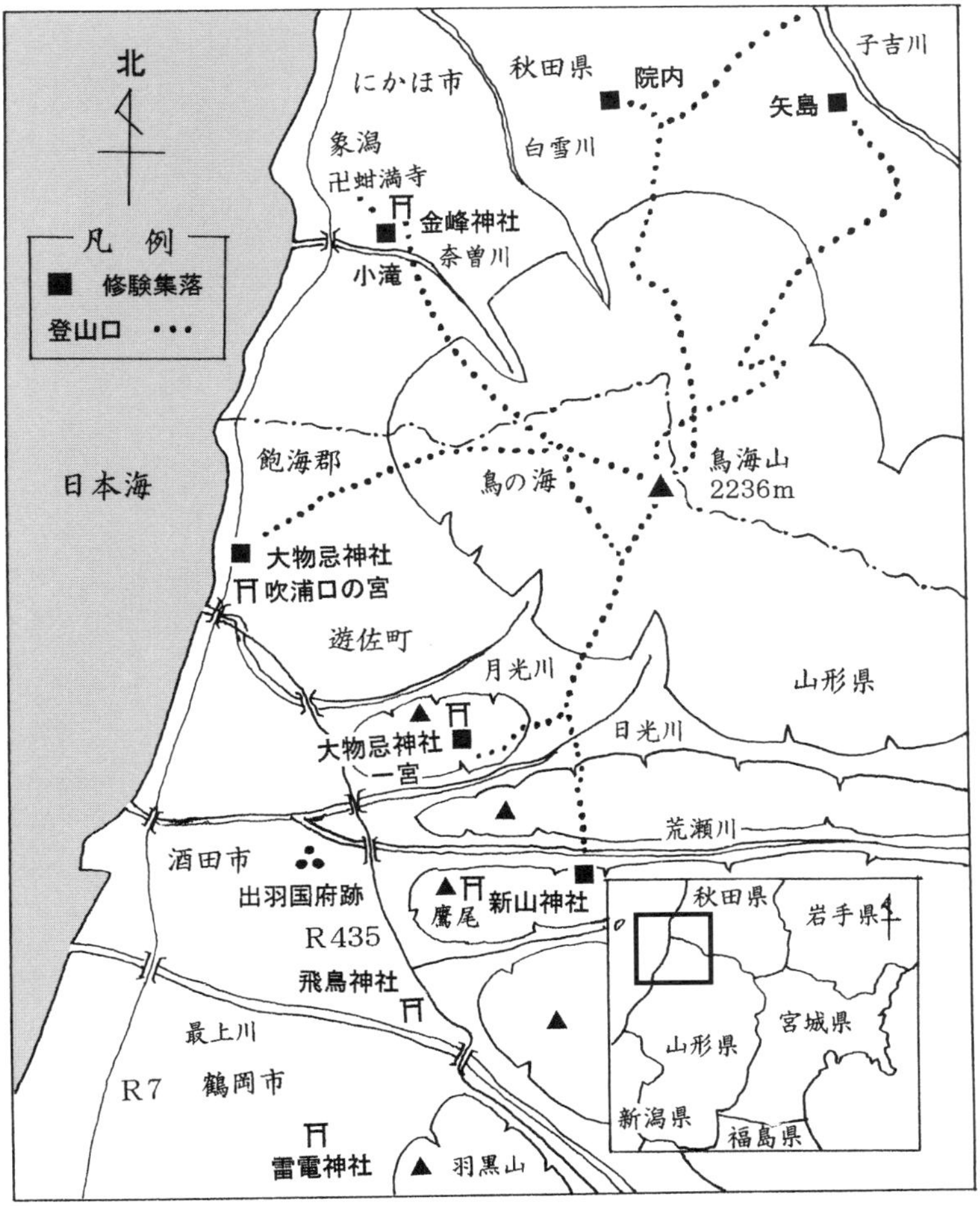

第一章　小滝金峰神社に響く謎のことば

一　語源が不明なチョウクライロ舞

山形県と秋田県の県境には、霊峰鳥海山（標高二二三六ｍ）がそびえている。鳥海山は、古代において、出羽国の大物忌神とよばれた。朝廷はじめ、人々は、山自体を神として畏れうやまい、祈りをささげた。

この山の北山麓。秋田県にかほ市象潟小滝には、金峰神社が鎮座している。神社には古くから神事の舞が伝わっている。神事の舞の総称を、チョウクライロという。ふしぎなことに、舞のなかで、チョウクライロということばが唱えられる。チョウクライロということばが、いつ、誰によって、どういう意味で名づけられたかは、まだ、明らかにはなっていない。謎につつまれたことばである。

金峰神社は、象潟町の小滝という山里にあって、その境内は、ふかい森につつまれている。神社の大きい鳥居をとおりぬけ、ふりむくと、正面右手には、鳥海山がそびえている。その手前には、奈曽川《なそがわ》が流れている。奈曽川は、神社の境内にはいると、落差が二六ｍ、滝幅一一ｍの白瀑布となる。その水のすさまじい落下音は、たえず広い境内に響きわたっている。

この神社の六月の神事では、「チョウクライロ」というふしぎなことばとともに、舞が舞われる。舞楽をうかがわせる古いすがたの神事の舞である。

舞は、全部で七曲である。九舎《くしゃ》の舞。荒金《あらがね》の舞。小児《しょうに》の舞。太平楽《たいへいらく》の舞。祖父祖母《そふそぼ》の舞。瓊矛《ぬぼこ》の舞。閻《えん》浮《ぶ》の舞である。例大祭の神事では、これら七つの曲目をまとめて「チョウクライロ舞」とよんでいる。

「タイシトンサッサ」、「チョウクライロー」など節のついたことばと楽にあわせて舞われるこれら舞は、天台僧円仁によってはじめられたという。

チョウクライロ舞をみると、舞楽でつかう陵王《りょうおう》（または龍王《りょうおう》）や納曽利《なそり》などの恐ろしい面をつけて舞われる舞がある。また、このほかに、正雅な舞楽とは別な要素の舞もある。田楽系の舞と延年系の舞である。

チョウクライロ舞は、古くは、三月一七日におこなわれていた。それが、昭和二四年ころには、五月一五日にかわり、昭和五七年ころには、六月一五日におこなわれていた。

小滝金峰神社から望む鳥海山。手前は奈曽川

チョウクライロ舞は、鳥海山小滝舞楽保存会（吉川栄一会長）によって、舞楽として継承され奉納されている。

現在は、毎年、第二土曜日の日中に、金峰神社の例大祭で、鳥海山小滝舞楽保存会によって舞が奉納される。

まつりの神事は、広大な境内全体を舞台にする。境内の奥にある社殿での神降ろしの神事が済むと、神は神輿《みこし》に乗り移り、土舞台をめざして境内を渡御《とぎょ》する。神輿が土舞台に着くと、神事の一連のながれは、最高潮を迎える。

この場面になると、土舞台では、獅子舞のあと、七つの舞が奉納される。

舞楽がそうであるように、チョウクライロ舞は、口伝により伝承されてきた。口伝は、つねに、途切れてしまうあやうさをもっている。

神事を継承してきた人々の努力と願いとはうらはらに、明治時代初期の廃仏毀釈の動乱期に、チョウクライロ舞の口伝をおぎなう貴重な資料が失われてしまったようである。例大祭でおこなわれる神事全体の意味や舞が伝える内容、意図、語源などもわからなくなってしまった。

チョウクライロ舞が伝わる小滝金峰神社

チョウクライロの舞が伝えようとする意味、舞のなかで唱えられることばの意味、七つの舞の一つひとつがもっている意図と目的、チョウクライロの語源などは、いまだ明らかにされていない。

チョウライロという、ふしぎなことばの語源の謎を解くためには、われわれは、七つの舞の一つひとつがもっている意味や目的を、解明しなければならないであろう。

また、金峰神社をとりまく自然や立地条件、そして、悠久の歴史の時間のなかで、積みかさねられてきた金峰神社そのものの歴史的な経過をたしかめることも必要である。

金峰神社がある小滝は、鳥海山の登り口の修験集落として栄えてきた。金峰神社の歴史は、鳥海山の歴史とともに、はぐくまれてきた。そういう意味では、鳥海山という歴史の舞台の移り変わりの検証も必要であろう。

東北地方につたわる舞楽関連の舞は、僧円仁とのかかわりが深い。そして、天台宗にかかわる寺社において伝承され、奉奏されている例が多い。そこで、チョウクライロ舞の真実を見きわめるためには、信仰面から舞楽やチョウクライロ舞を分析してみることも求められる。

小滝金峰神社のチョウクライロ舞が、どのような意味をもっているのか。そして、何のために舞われるのか。その語源は、一体何なのか。

これから、このふしぎなことばの語源を探す旅に出てみよう。

二　チョウクライロの語源説

最初に、チョウクライロというふしぎなことばについて、先行研究があり、その語源について論考された内容をみてみよう。

チョウクライロの語源説については、大きくつぎの三つの説がある。

（一）「長久生容」語源説

これは、金峰神社に伝承されている説である。神事の三番目に舞われる曲目で、小児の花笠舞がチョウクライロ舞である。

社伝では、チョウクライロということばの表記については、「長久生容《ちょうくらいろ》」であるとしている。そして「長久生容」とは、「長く久しく生きる容《すがた》」である、と説明する。このいわれは、代々受け継がれてきたのであろう。

このなかで、疑問は、「生」の読み方である。「生」は、「ライ」という読み方をするのだろうか。「生」は、音読で

「セイ」または「ショウ」と読む。「ライ」という読み方はない。

そして、その意味は、後漢の許慎があらわした中国最古の字書である『説文解字』では、「生」は、〈艸木の土上に出づるを象《かたど》る〉としている。「生」の意味は、はえる・うむ・うまれる・いきながらう・おこる・そだつということである。

類似する形の字で「耒《ライ》」がある。これは、『説文解字』では、〈手もて耕す曲がり木なり〉として、農具の「すき」のことを示す文字である。筆字で書いた「耒」を、「生」と取りちがえた、とも考えられるが、社伝では、花笠舞の目的は、延命長寿を願うものである、と説明していることから、ここは、やはり「生きる」という意味であろう。

長く久しく生きるすがたの舞という花笠舞

この社伝の説明で考えられることは、チョウクライロの意味は、「長く久しく生きるすがた」を表現する曲目である、ということを言っているのであり、チョウクライロという音がしめすことばそのものを説明しているのではないということであろう。

社伝は、チョウクライロの語源を説明しているのではなく、チョウクライロ舞がもっている舞の目的を説明しているのである。それは、一面の真理を語っている。社伝では、この花笠舞は、延命長寿のために舞われる、と説明しているのである。したがって、この説からは、チョウクライロということばそのものの語源は、わからない。

この「長久生容」語源説は、小滝に伝わる天保九年（一八三八）の『神事古實記』に、「長久生容《チョウクライロ》」という表記があり、これを根拠としているものと考えられる。

（二）「長恭蘭陵王」語源説

この説は、高橋富雄氏が、『古代語の東北学』という書のなかの「チョウクライロ舞と鳥海山」という項目でその論を展開しているものである。その論で、高橋氏は、つぎのように述べている。

「チョウクライロ舞。実はこれは陵王の舞の別名だったのです。陵王というのは、本来、羅陵王ないし蘭陵王というのです。これには古い歴史の由来が中国にございました。南北朝（六世紀）、北斉に長恭という名の蘭陵王がいたそうですが、戦争ごとに異形の仮面をつけて戦い、勝利王となったというのです。その勝利を祝う舞が長恭蘭陵王の舞です。チョウ―キョウ―ラン―リョウ―オウの舞です。恭がクになり蘭＝羅はライにもなります。羅城門をライセイ門ともいうのと同じです。チョウクライロは、長恭蘭陵王のなまりです。」

このように述べている。氏の古代語学を愛読し、多くの啓示をうけている私にとって、論全体の内容は、まさに、正鵠を射る思いのものである。たしかにこの神事の舞では、蘭陵王または羅龍王の面をかぶり、舞う舞がある。

しかし、舞全体をくわしく観察してみると、チョウクライロ舞は、六人の児童が舞う「花笠舞」のことであり、その舞のときに唱えることばが、「チョウクライロー」、「チョウニハイロー」であることに気づく。〈モノ〉と〈それを示すことば〉は、一致すべきものである。

チョウクライロ舞は、陵王の面をつけて舞う舞ではなく、小児六人が舞う花笠舞のことをいっているのである。したがって、陵王の面の舞がチョウクライロの語源ではなく、「花笠舞」がチョウクライロの語源であると、考えるべきではないだろうか。

高橋氏の説について、伊藤孝博氏は、著書『東北ふしぎ探訪』「チョウクライロ舞の木霊」の項目で、〈長恭の故事にもとづく舞曲の呼称は、「羅陵王長恭（または「蘭陵王長恭など」）」でなく、たしかに「長恭羅陵王または（長恭蘭陵王など）」とも呼ばれた例があるのだろうか。この前提が崩れると、そもそも高橋氏説は成り立たないことになる。〉と疑問を投げかけている。

伊藤氏が述べるように、名前の語順の問題もある。伊藤氏が述べるように、やはり、長恭蘭陵王という語順では呼ばないのではあるまいか。「蘭陵の王である長恭」という語順の呼び方が正解であると思う。

ところで、本書では、蘭陵王の舞は、非常に重要な意味をもつことになるので、ここで、蘭陵王長恭について、述べておきたい。

悲劇の王、蘭陵王の舞（奈良氷室神社の舞楽）

長恭は、高長恭といい、中国の南北朝時代の北斉（五五〇〜五七七）の皇族である高一族のひとりである。のちに、蘭陵郡の郡王となった人物である。高粛ともいい、字は恭である。別名は考瑾《こうかん》という。

長恭は、悲劇の王である。武将として、はなばなしい活躍をみせるすがたとは裏腹に、非業の最期をとげる運命のもとにあった悲劇の王である。

父の高澄は、初代の北斉の皇帝になるはずであったが、二九歳の若さで暗殺されてしまった。

高澄の弟の高洋が帝位について、長恭は、蘭陵郡の郡王になり、蘭陵王とよばれた。

こんどは、高洋も突然に崩御し、息子が後を継ぐが、叔父の高演によって位からひきずりおろされ、殺されてしまう。背景に骨肉の争いがあったのだろう。

怨霊の表情を現す陵王面
(『日本の美術36舞楽面』)

このように、高一族は、悲劇の運命を背負った一族である。そして、長恭自身も、悲劇の運命から逃れることはできなかった。

蘭陵王の長恭は、騎馬民族とたたかってうち破ったり、北周とのたたかいで勝利するなど、武将としてはなばなしい活躍をする。その生涯は、皇帝につくし、たたかいで功績をかさねた。しかし、そのことが逆に皇帝からは、恐れられ、疎まれる結果となった。

五七三年、長恭は、新皇帝の高緯に疎まれ、毒杯を飲むように命じられて、悲憤の思いを抱いて、非業の死をとげた。長恭は、従容として死に臨んだというが、その怨念、悲憤はいかばかりであったことか。その怨念は、けっして長恭を成仏させなかったことであろう。成仏できない長恭の霊魂は、一体どうしたか。恐ろしい怨霊となってこの世をさまよっていたかもしれない。

舞楽の蘭陵王の舞は、さまよう魂魄《おに》が荒ぶるさまを現した舞であろう。そして、解脱し、成仏しようとする舞なのである。

蘭陵王の舞でつけられる面は、恐ろしい形相の怨霊のような面である。目はカッと見開き、大きく口を開き、頭には、赤い舌を出した龍が乗っている。霊は龍にすがたをかえるのかもしれない。

私は、最初に陵王の舞の面をみたとき、神に捧げる舞楽の優雅な舞に、一体なぜ、このように恐ろしい面をつけるのか、とてもふしぎに思えた。

しかし、蘭陵王の憤死の事実を知ることで、この面のもつ意味が理解できた。この面は、怨念、悲憤の念を抱いて自死した陵王の魂が、怨霊となって、龍に姿をかえて舞うものなのである。

舞楽の蘭陵王には、悲劇の物語があり、舞でつける恐ろしい面には、長恭の深い悲憤や怨念が隠されていたのである。

陵王の面や陵王と対で舞われる納曽利《なそり》は、いずれも龍の舞である。怨霊が龍にすがたをかえて舞うのである。陵王と納曽利の面は、まさに、魂魄がいかるような恐ろしい表情をあらわしているのである。

舞楽は、聖徳太子によって、日本に導入されて育成された。蘭陵王の長恭の経歴は、聖徳太子と山背大兄王の親子を中心とした上宮王家一族の悲劇とも二重写しになる。聖徳太子の寺である法隆寺と、戦勝記念で聖徳太子が建てた四天王寺には、蘭陵王の舞のほかに、多くの舞楽が伝えられている。

象潟小滝金峰神社には、例大祭の神事で使う陵王と納曽利の面が伝わっている。そして、神事の舞でそれらは使われる。この面が神事のどの場面で、なぜ使われるのかは、あとで明らかにしたい。

(三)「迦陵頻」語源説

「迦陵頻《かりょうびん》」語源説は、伊藤孝博氏が、著書『東北ふしぎ探訪』「チョウクライロ舞の木霊」の項目のあとの、「道草MEMO」のなかで、「霊鳥カラヴィンガの妙音」というタイトルで述べられている内容である。

伊藤氏は、「戦勝祝賀や戦闘祈願の陵王の舞として始まったと伝えられるチョウクライロ舞が、なぜ、「延年」の童舞にすり替ったのかは謎である。しかし、この舞に私は「迦陵頻」の影がまとわりついているように思われてならない。」とし、舞楽の迦陵頻について説明した後、〈迦陵頻はまた天界の「鳥」であり、舞台上でも「鳥」と呼ばれる。

極楽に棲み妙音で囀る迦陵頻（「林家舞楽図譜」）

陵王のような戦勝祈願などではなく、妙音で極楽長久の真のありようを歌うのである。「苦空無我常楽我浄」―。むろん意訳された漢字だから、そもそもの響きではない。童の姿を借りて舞うカラヴィンガは、梵語では果たして何と鳴いているのだろう。

こうして想像を広げると私には、「チョウクライロ」という不思議な響きが、カラヴィンガの鳴き声にすら思われてくる。そして陵王が竜王と合体したように迦陵頻もまたその属性に竜を付け加え、陵王に成り代わって小滝の舞台に余韻を響かせ続けている気がしてならないのである。〉と述べている。

まさに炯眼《けいがん》である。この伊藤氏の鋭い感覚と視点は、本書をまとめるきっかけとなった。

小滝金峰神社の樹々に響く極楽鳥の鳴き声。まつりの楽器の演奏音。それと同調して唱えられる「チョウクライロ」ということば。これらのキーワードによって、私は、三十数年来かかえていたことばの謎が一気に氷解する気がした。

伊藤氏は、その著書のなかで、ページ数の関係か、チョウクライロの語源の論証はされなかった。しかし、チョウクライロの花笠舞は、六人の童舞であり、舞楽の迦陵頻も四人の童舞であること。天冠に桜をさし、朱色系の衣装を着て銅拍子（小型のシンバル）という楽器をうち鳴らすことなど、そのモチーフは共通点も多い。また、金峰神社の宝物殿には、陵王・納曽利の面とおなじ場所に、迦陵頻で使用する楽器の銅拍子が所蔵展示されている。

ここから、伊藤氏が述べるようにチョウクライロの花笠舞のそもそもの語源は、舞楽の迦陵頻であったことも考えられる。

舞楽の舞の演奏では、龍笛がつかわれる。龍笛の音色は、龍となって天地を行き来するという。龍笛の演奏の旋律にあわせて舞は舞われるが、この龍笛の旋律こそ、チョウクライロの語源を探る大きな手がかりとなるのである。

三　何を意味するか七つの舞曲

小滝の金峰神社でおこなわれる例大祭の神事は、何を意味しているのだろうか。神事の流れをまとめてみよう。

例大祭の日、午前一〇時前に、当番宿から一行が、神社本殿にむかうところから、神事がはじまる。本殿で、祝詞《のりと》や神降ろしなどの儀式がおわると、白布に覆われた御神体は、本殿前にそなえてある神輿《みこし》に乗り移る。

獅子頭、丸い石玉（これは瑠璃玉《るりたま》を意味するものか）を三方《さんぽう》にのせ、舞で使う陵王と納曽利の面などを先頭に、四神の幢《はた》で四隅をかこまれた行列が、神社境内の入り口にある閻浮台《えんふだい》という土舞台に移動する。仏教語で閻浮堤とは、人間世界のことである。神が神殿から移動して、人間世界に降りることを意味しているのであろう。

このとき鐘楼の鐘が打ち鳴らされ、行列からは、「おいでーおいで」のかけ声がかけられる。神がおいでになる、という意味である。舞が終わり、最後に神輿が本殿にもどるときには、「お帰りー、お帰り」のかけ声がかけられる。

行列が、土舞台に到着すると、土舞台のまわりを、時計まわりに無言で三回まわる。

神輿が無言で右まわりに三度まわるという行動は、岩手県二戸市浄法寺町の円仁が建てたという天台寺の例大祭のなかの長慶天皇の葬送儀礼でも見うけられる。そのときも、天台寺境内では舞楽の陵王の舞が奉納されている。霊を出迎え、霊を鎮めるための儀式として、神輿《みこし》の渡御《とぎょ》があり、霊の鎮魂のために舞を舞おうというのであろう。

神を乗せて、四神の幢に囲まれた神輿は土舞台にむかう

金峰神社境内でのこうした一連の流れからは、神が本殿から出御し、舞台のまえにお出ましになり、その神にむかって舞をささげる儀式であることを読み取ることができる。

金峰神社の神輿は、鳥海山を正面にして、土舞台の前に安置される。神主がその前に正座し、神輿・神主を正面にして、獅子舞のあと、順次、七つの舞が舞われる。神社の資料によれば、これら七つの舞は、舞楽の舞であるという。大物忌神に舞をささげるのである。

古代には、怨みをもって死んだ人間は、魂魄《おに》となって、たたりをなすと考えられていた。そして、異変や災害は、魂魄がもたらすわざであると、古代の人々は考えた。霊魂の力が強ければ強いほど、人災や自然の大災害を引き起こす力をもっている、と考えた。そこで、たたりによる異変や天災をなくすために、魂魄を神社の神殿にまつった。そして、年に一度、その魂魄に鎮まってもらうために、神輿に乗り移ってもらい、魂を大いに揺るがすために、神の社から出御してもらい、渡御をおこなうのである。神輿には神が乗っている。神輿をはげしく揺り動かし、魂魄が荒れた後に、鎮まってもらおうという儀式が神輿の渡御のもつ意味である。

舞楽は、国家安寧のための神に鎮まってもらう鎮魂の儀式である。金峰神社の神輿に乗り移った神は、七つの曲目によって、魂を鎮められるために、土舞台の前にお出ましになったのである。人々は、七つの舞によって、目の前の大物忌神に、何を祈ろうとするのだろうか。

（一）陵王と納曽利の面で舞う「九舎の舞」

チョウクライロ舞のはじめの曲目は、九舎（倶舎《くしゃ》が語源であろう）の舞で、陵王・納曽利の面、狩衣姿《かりぎぬすがた》で舞う大人二人の舞である。

笏拍子役《しゃくびょうしやく》が「タイシトンサッサ」のことばをくりかえして唱える。

神社の解説書では、これは五穀豊穣を願う舞であるとしている。

タイシトンサッサの唱えことばで舞う九舎の舞

笏《しゃく》は、朝廷の公式行事などで、公式な衣装である束帯《そくたい》で手にもつ細長い薄板である。お札の聖徳太子が胸のまえにもっているのが、笏である。笏拍子は、打楽器としてこれをつかっている。

倶舎という曲目は、舞楽では見あたらない。倶舎に関連することばで、倶舎宗がある。薩多婆宗《さったばしゅう》、毘曇宗《びんどんしゅう》とも中国一三宗の一つである。奈良時代に南都平城京東大寺に編成された南都六宗の一つが倶舎宗である。これが、法相宗の基本教学思想になったが、倶舎の舞がこれらと関連するか不明である。

倶舎の舞は、しばしば、延年の舞の一つとして見うけられる。

金峰神社の舞では、「タイシトンサッサ」の唱えことばが笏拍子役によって添えられる。舞のあいだにくりかえされる、この唱えことばについて、小滝に伝わり、現在、遠藤司氏所蔵の『神事古實記』（天保九年）では、「泰至富蒼生《タイシトンサッサ》。太空無幻道《タイクウムゲントウ》。妙渾亢猷稱《ミヤウコンコイウショヤ》。任登限盡事《ニントウグウシンジ》。成豊羣納璽《シャウブグンノウジ》。」と表現している。

舞の唱えことばに、このような漢字があてられているが、山形県飽海郡蕨岡の鳥海山修験の順峰登り口である大物忌神社に伝わる延年の倶舎舞では、「タイコウムケントウ。ケントウ。ケントウ。」ということばが残されている。

また、旧平田町にある新山神社（鳥海修験の拠点の一つ）に新山延年が伝承されている。そのなかの倶舎舞では、白装束の舞人によって、「タイゴーゲントーゲントウームゲントー。リョコーゴートイウ、ヂンギレー。リョウブゴダイショーモンショー」。さらに「サンギョーセ」、「ヤーシャ、ヤーシャ、ヤーシャ」のことばが発せられる。

金峰神社の「タイシトンサッサ」ということばは、舞の動作をしめすことばとも考えられそうであるが、蕨岡・新山神社の倶舎舞のことばがともに意味する内容は、つまびらかではない。

蕨岡大物忌神社、新山神社とも鳥海修験の活動拠点であった。その地において、延年がおこなわれており、おなじ曲目の倶舎舞が伝わっているのである。

倶舎舞は、日光輪王寺にも伝わっている。輪王寺本堂行事の延年舞として、毎年大晦日の夜から正月にかけての行事として伝わってきた。現在は、毎年、五月一七日に、三仏堂内に設けられる舞台で、二人の一山住職によって奉納されている。この舞のときに、一山僧侶によって「倶舎の頌《しょう》」という声明《しょうみょう》が唱えられることから、倶舎舞とも呼ばれてきた。

倶舎舞は、延年の舞のひとつとして舞われる。延年は寿命長久を祈願・祝福するものである。平安時代から室町時代に、寺院において寺僧によって、ひろく催された。とくに、奈良興福寺、東大寺、多武峰《とうのみね》、延暦寺、園城寺の諸大寺でさかんであった。

延年を主催したのは、宗徒とよばれる新興勢力の僧侶であった。寺院での法会のあとに、貴族の役職就任や僧侶の昇進祝賀のためにおこなわれたという。内容は、しばしば、新興勢力の示威の性格をもち、軍事的な蜂起とおなじような作法をへて、開催されたという。

延年では、一山をほめ、仏をたたえる開会の辞である「開口《かいこう》」、稚児が高音で謡う「若音《わかね》」、また、倶舎舞、舞楽などがおこなわれた。しかし、畿内の諸大寺では、時代の流れとともに延年はしだいにすがたを消していった。現在は、日光輪王寺のほか、岐阜県郡上市の長滝寺、白山神社、岩手県毛越寺などで、延年がおこなわれている。

蕨岡の大物忌神社、旧平田町の新山神社、さらに、日光輪王寺の倶舎舞から判断すると、金峰神社の九舎の舞は、延年系の倶舎舞であることがわかる。しかし、なぜ、延年の舞である倶舎舞で、陵王と納曽利の面をつけて舞うのかは、不明である。

金峰神社では、青い狩衣姿で陵王の面をつけた舞人と、草色の狩衣姿で納曽利の面をつけた舞人が、舞台のうえで舞う。正面に対座する神職と獅子頭、そのうしろに安置された神輿にむかって、舞は舞われる。時計まわりに一巡したあと舞はおわる。

さきに、舞楽で陵王の舞は、悲劇の王である蘭陵王の高長恭の舞であるとする陵王説について述べた。つまり、蘭陵王の舞は、自死した悲劇の王である長恭の霊が舞うという内容である。

この龍の舞には、陵王説のほかに、インドの戒日王《かいにちおう》作の「龍王の喜び」に由来する龍王説がある。龍王説は、古代インドの雲乗太子《うんじょうたいし》が、みずからの捨身により命を落とし、仏教の功徳により再生して、世界に平和をもたらすという内容である。

この両方の舞に共通することは、死を越えて、人々に安寧をもたらす願いがこめられた舞である、ということである。

そして、陵王の面について、高長恭の悲劇が隠されていることにふれた。

蘭陵王の舞では、霊魂となった陵王が、激しく舞うことによって苦しみから解脱し、無事往生することを物語っているのではないか、と述べた。

陵王の舞と対になる納曽利の舞は、最初、仏の前でもだえ苦しむように舞い、最後に、やすらぎを得てよろこぶような所作をあらわす。これは、苦しみから解脱したようすをあらわしている。仏の力によって、荒ぶる魂は鎮まるのである。舞があらわす究極の意味は、ここにある。

わざわいをもたらす怨霊が鎮まることによって、人々にふりかかる凶事や天変地異を防ぎ、人々の無事を祈るのが、陵王や納曽利の舞の本質である。

金峰神社の延年の舞である倶舎舞では、舞楽の陵王と、納曽利の面をつけた二人の舞人が舞う。陵王や納曽利の面は、荒ぶる霊が鎮まり、解脱し、人々を凶事、天変地異から護るという意味を秘めている。それが、人々の安寧につながっていく。

金峰神社の延年舞である倶舎舞は、わざわいを防ぎ、民生を安定させ、人々が永らえられるように願い、さらに五穀豊穣の祈りをこめて舞われる。陵王や納曽利の面をつけて舞うことによって、その願いが実現するという考えなのであろう。もともと、この地には舞楽があった。しかし、信仰の変遷のなかで、舞楽はすがたを変えた。陵王や納曽利の面がもつ意味の象徴性が残り、陵王や納曽利の面が倶舎の舞で使われるようになった、と考えられる。

（二）なぎなたでしめ縄を切る「荒金の舞」

二曲目は、荒金《あらがね》の舞である。陵王面をつけた狩衣姿《かりぎぬすがた》の大人一人の舞である。最初に、四方のしめ縄を、なぎなたで切る所作がはいる。解説書では、世の中の平和を願う舞としている。

荒金とは、一般的に、山などから採掘したままで、精錬されていない鉱物や金属のことをいう。荒金は、鉱物採取にかかわる意味あいをもつ舞であろうか。それとも、なぎなたを持つことからの命名であろうか。

『神事古實記』では、「荒金とは、人間界には悪神が多く、これを采配する邪神、魔神を平定する法式である」と述べている。

邪神、魔神を平定することが荒金である、ということではなくて、邪神、魔神を平定する法式が荒金の舞である、ということをいっている。つまり、荒金とは、邪神や魔神が、人間世界に多くのわざわいや、凶事をもたらす状態のこと、というのである。

陵王面の舞人がなぎなたで、四方のしめ縄を切る

舞楽で、最初に舞われる曲目は、振鉾《えんぶ》という。鉾で天の神、地の神、先祖の霊をまつって舞台を清める舞である。

この振鉾の舞の態様を受けて、荒金の舞は、なぎなたをもって荒金を打ち払うために舞うのだろう。

この舞では、一曲目で舞った、青い狩衣姿で陵王の面をつけた舞人が、むかって右側に立ち、左側には、草色の狩衣姿で納曽利の面をつけた舞人が立って舞う。

最初に、陵王の面をつけた舞人が、なぎなたをもって四隅に立てられた竹に結んだしめ縄を、一辺ずつ時計まわりに切っていく。このしめ縄を切る行為は、舞楽ではみられない。あとで述べる田楽でよくみられる動作である。

しめ縄は、内の聖と外の俗とを分けるために、その境界のしるしとして引き渡すものである。その境界を切るという動作は、あたかも結界をときほどき、神と人間とが同一空間に在る、ということを意味するようにもとれる。

では、なぜ、邪神、魔神を平定する法式で、陵王や納曽利の面をつけるのだろうか。舞の本態である龍が、邪神、魔神を平定するということなのだろうか。この疑問の答は、第二章で考える。

このあと、舞人は、右まわりで四方向に同じ動作で舞う。片足ずつ少し横にあげるような、動作が特徴的である。この動作は、陵王の舞の動作の片鱗をのぞかせるものである。陵王の舞と振鉾の舞が混在したような舞であることがうかがえる。

(三) 小児六人が舞う「チョウクライロ舞」

三曲目は、チョウクライロ舞である。花かざりの笠をかぶることから、花笠舞ともいう。紋付袴姿《もんつきはかますがた》の児童六人が、ササラと腰太鼓で舞う舞である。笏拍子役《しゃくびょうしやく》が「チョウクライロー」のことばをくり返す。解説書では、延命長寿を願う舞であるという。

六人の男児は、梅・桜・菊の花をさし立てた花笠をかぶる。このうち、三人がササラをもち、ほかの三人が腰に腰太鼓をつける。

衣装は、色柄は黒羽織に、白い袴を着け、黄布をたすき掛けした姿である。右手の上着を脱ぐ「片方袒《かたかたぬぎ》」のすがたである。

花は清浄をあらわし、ササラは人欲無私な清浄を合わせて六根清浄にさせ、世の内外を清浄にさせて、世の内外を清浄にするという。

笏拍子役が笏で拍子をとりながら、笏に書いてある「チョウクライロー」、「チョウニハイロー」などのことばをくり返し唱える。

笏拍子、唱えことば、龍笛の音にあわせながら、舞人の児童が、ササラ、腰太鼓をうち鳴らして、右まわりに舞う。くわしくは後で述べるが、この舞は、ほかの類例から判断して、田楽舞に属する花笠舞である。この舞で笏拍子役が、笏にかいてあることばを唱えることに、チョウクライロの語源の謎を解くカギがある。

男児六人で舞うチョウクライロ舞（花笠舞）

（四）小児四人が剣で舞う「太平楽の舞」

四曲目は、チョウクライロ舞とおなじ衣装で、児童四人が鉢巻姿で刀をもって舞う舞である。解説書では、人倫を尊ぶ舞という。

舞楽の太平楽は、武の舞とよばれる太食調（E＝ミ旋律）の唐楽である。兜《かぶと》、指貫《さしぬき》、鎧《よろい》、肩喰《かたくい》、帯喰《おびくい》、籠手《こて》、脛当《すねあて》、太刀《たち》、魚袋《ぎょたい》（唐代官人がつけた袋状のおびもの）、胡《やな》ぐいなどで身をかため、鉾《ほこ》をもって舞う。中国風の鎧兜《よろいかぶと》の武舞《ぶまい》である。

胡ぐいにおさめてある弓矢は、実戦には使えないように、矢尻を上にむけて、平和のシンボルとしている。この舞は、舞楽で武将破陣楽《ぶしょうはじんらく》ともいう。楚の項壮と項伯の両人が、鴻門の会に剣舞したさまを模した舞と伝えられる。太平楽については、第三章でくわしく述べる。

金峰神社の太平楽は、チョウクライロ舞とおなじ衣装で、児童四人が、鉢巻姿で刀をもって舞う。本来なら大人が舞うこの舞が、なぜ、童舞になったのか

舞楽の流れを汲む太平楽の舞

は不明である。

舞楽の舞そのものではないが、全七曲のうち、もっとも舞楽の原型に近い形の舞である。舞楽系の舞である。

（五）翁と媼の面で舞う「祖父祖母の舞」

五曲目は、児童二人が、それぞれ、翁《おきな》と媼《おうな》の面をつけて舞う祖父祖母《そふそぼ》の舞である。解説書で、夫婦和合こそが、万物生成の根源であることを教える舞であるという。

この舞は、あとでくわしく述べる舞楽の「二の舞」にあたる舞である。舞楽の二の舞は、唐楽で壱越調《いちこつ》（D＝レ旋律）の曲である。林邑楽《りんゆうがく》（ベトナム系）の八楽のひとつで、案摩《あま》にひきつづき舞われる。舞人は二人で、翁は咲面《えみおもて》、媼は腫面《はれめん》をつけて、案摩《あま》の舞人の舞をまねて舞うが、失敗して似ても似つかない舞になってしまう。「二の舞を踏む」とは、この舞を語源にすることばである。

「二の舞」は、老夫婦が助け合うようなしぐさがあることから、祖父祖母の舞では、「夫婦和合」の意味をもつようになったと考えられる。

祖父祖母の舞は、舞楽の二の舞の内容を伝える舞であり、舞楽系の舞である。

（六）納曽利の面で舞う「瓊矛の舞」

六曲目は、納曽利《なそり》の面をつけ、狩衣姿の大人一人の瓊矛《ぬぼこ》の舞である。解説書では、国つくりの舞という。

舞楽で、納曽利は、壱越調《いちこつちょう》（D＝レ旋律）の高麗楽《こまがく》の曲である。納曽利は、林邑楽《りんゆうがく》（ベトナム系）のひとつである陵王の番舞《つがいまい》として舞われる。双龍の舞ともいう。一人舞と二人で舞う舞がある。

奈良氷室神社の舞楽では、舞人二人が舞う。これを落蹲《らくそん》と呼んでいる。

納曽利は長い牙のある黒く恐ろしい納曽利の面をつけ舞う。緑色の配色の毛べりの裲襠装束《りょうとうしょうぞく》をつけて、銀色の桴《ばち》をもち、龍が遊びたわむれ、最後には解脱するように舞う舞である。

舞楽の二の舞の流れを汲む祖父祖母の舞

金峰神社では、納曽利の面をつけ、狩衣姿の舞人が一人で舞う。舞の所作は、腰を前面に曲げ、地に働きかけるような舞である。鉾をもって舞うことなど、舞楽の納曽利の舞の所作とは、大きな違いがある。

鉾をもって舞うことからすると、イザナギ・イザナミの二尊が、天神の命により、天の浮橋の上に立ち、天の瓊矛《ぬぼこ》で海中をかきまわし、矛の先からしたたり落ちた塩がつもり、オノゴロ島になったという説話に通じることが考えられる。瓊矛の舞は、地にはたらきかけるような動作からも、この国を生んだという神話にもとづく舞とも考えられる。

また、この舞は、国づくりの舞であることから、瓊矛は、瓊々杵命《ににぎのみこと》の矛の舞であるともとれる。すなわち、記紀神話の最大の眼目である天孫降臨神話の主人

納曽利の面で舞う瓊矛の舞

公である瓊々杵命が、天磐座《あまのいわくら》から降りて国づくりをする内容である。天孫降臨神話は、大嘗祭と対応する神話である。

大嘗祭は、天皇が即位し、最初に穀物を神にささげる新嘗祭をおこなうが、そのようすをあらわす舞である、とも考えられる。

いずれにせよ、舞の内容からみると、これは、延年系の舞である。

（七）陵王と納曽利の面で舞う「閻浮の舞」

七曲目は、陵王と納曽利の面をつけ、狩衣姿の大人が舞う閻浮《えんぶ》の舞である。これが、金峰神社の最後の曲目となっている。解説書では、この舞は、国を治め、万国を豊潤幸福にする舞という。

閻浮は、閻浮提《えんぶだい》を意味するものであろう。閻浮堤はサンスクリット語で須弥《しゅみ》山《せん》の南方に位置する四大洲の一つのインドを示すことばである。これは、後には、人間世界のことをいうようになった。インドだけに諸仏があらわれて、その法楽を受けられるという閻浮の舞は、閻浮提の舞ということであろう。

舞楽では、振鉾《えんぶ》は舞楽の最初に舞われる祓い清めの舞で、天の神、地の神、先祖をまつって舞台を清める舞である。金峰神社の閻浮の舞は、陵王の面をつけている。

しかし、舞楽で舞われる陵王の舞とは、舞う動作が異なっている。また、舞楽の振鉾の舞とも動作は、異なっている。金峰神社の閻浮の舞が、舞楽の振鉾の舞の順とちがい、最後に舞われるのは、舞楽の振鉾の舞と、目的が異なるからであろう。つまり、解説書でいうように、閻浮の舞は、国を治め、万国を豊潤幸福にすることを目的とするものである。

舞楽では、舞の全体の最高潮の場面で陵王と、その対になる納曽利の舞が舞われる。これとおなじ意図で、金峰神社の閻浮の舞は、最後に舞われるものと考えられる。

閻浮の舞は、舞楽の曲目とは異なるが、舞楽の内容を受けた舞楽系の舞と考えられる。

陵王と納曽利の面で舞う閻浮の舞

以上みたように、金峰神社の神事で舞われる七つの舞は、舞楽の舞そのものとはいえないまでも、「太平楽の舞」や「祖父祖母の舞」、「閻浮の舞」は、舞楽の舞を大きく反映させた舞であることがわかる。さらに、「九舎の舞」、「瓊矛の舞」、「チョウクライロ舞」など、舞楽のほかに、延年や田楽などの要素も入っていることがわかった。

小滝金峰神社の七つの舞の内容は、舞楽と延年や田楽などの異なる二つの特質を持ちあわせており、二重構造になっていることが判明した。神事の舞が、なぜ、二つの特質をもっているのか。また、これらが、いつの時代に形成されたかを解明するために、小滝をとりまく立地環境や歴史について、つぎに検証していくことにしよう。

第二章　小滝金峰神社をとりまく自然と歴史

一　深い歴史をつづる鳥海山と象潟

鳥海山は、山形県飽海郡遊佐町と酒田市、秋田県由利本荘市、にかほ市の日本海側の四市町にまたがる独立峰である（図1参照）。

二つの円錐状成層火山から構成されている。筐ケ岳（一六三五ｍ）、月山森などの外輪山で形成される西鳥海は、南西に開口する長径約二・二kmの爆裂口があり、この火口内は、鍋森、扇子森などの中央火口や火山湖の「鳥の海」がある。

西鳥海西麓の観音森・猿穴などの小火丘、そして北方の稲倉丘（稲倉岳一五五四ｍ）なども寄生火山である。

西鳥海の東方（東鳥海）には、七高山《しちこう》（七五岳）や伏拝岳《ふしおがみ》などを外輪山とする、長径約三kmの爆裂口が北に開口している。火口には享和元年（一八〇一）に噴火した新山（享和岳・最高峰）や荒神岳がある。

鳥海山の全容は、日本海側では北アルプス連峰、白山などにつぐ標高をほこる。山裾を直接日本海に落とす美しい円錐形の秀麗なすがたは、出羽富士ともよばれている。ほかの霊山でも見られるように、その様相は、神霊の鎮まる神奈備山《かんなびやま》としての山容を呈している。

古代の鳥海山は、朝廷側の公式記録である「六国史」によれば、鳥海山と表記するのではなく、大物忌神と表記されている。鳥海山は、畏れるべき神の山であった。

この山は、律令期に大和朝廷に大物忌神と称され、国家鎮護の守護神として荒ぶる神であった。また、神霊を迎える不吉不浄を忌み嫌う山であり、国家レベルの異変や凶事を事前に予知し、神託をあたえる神の山でもあった。

鳥海山の山名は、古代からのものではなかった。古代には山自体を神と認識して、大物忌神と呼んだ。そのほかに北山、鳳凰山、飽海嶽《あくみだけ》、宿世山《すくせやま》などとよばれていた。

山形県側から眺める霊峰鳥海山

鳥海山という山名は、暦応五年（一三四二）に、藤原守重が息災延命のために奉納した鰐口（鳥海山大物忌神社所蔵）に見えるのが初出であり、中世以降に命名されたという。

鳥海山名は中世以降の命名といい、その語源について、次のような由来説がある。

① 鳥海三郎宗任の一族に由来するとする説。
② 新山が形成される前の火口湖「鳥ノ海」に由来するとする説。
③ 鳳凰（想像上の霊鳥）が湖（海）に飛来したことに由来するとする説。
④ 金峰神社（小滝口）に伝わる延年舞楽「チョウクライロ」が「チョウカイ」に転化し鳥海になったとする説。
⑤ アイヌ語の「チュッカイ」（太陽の山）、あるいは、「チ・オカイ」（われらの山）に由来するとする説。

象潟大地震で潟は陸地と化した

象潟は、かつて鳥海火山の泥流が海食をうけて形成された八十八潟、九十九島で有名な景勝地であった。しかし、文化元年（一八〇四）の象潟大地震で海底が二・五mほど、約二〇㎞にわたって隆起した。その結果、潟も陸地と化した。その後、水田がひらかれた。

水田にかつての岩島が散在する象潟と、鳥海山獅子ヶ鼻湿原植物群落と新山溶岩流末端崖、湧水群は、国の天然記念物の指定をうけている。鳥海山麓は国定公園に属する。

象潟は、古代から歌枕の地として知られていた。平安時代に能因法師は三年間、能因嶋に幽居した。このとき、能因法師は、

世の中は　かくても経にけり　象潟のあまの苫屋を　わが宿にして

という歌をのこしている。

能因法師の「能因歌枕」には、「とりのうみ」が出羽国の歌枕として掲載されている。鳥の海は、歌名所として古くから都人にも知られていた。

また、芭蕉が奥の細道の旅に出た五〇〇年前に、西行が象潟を訪れている。

西行は、

象潟の　桜は浪に　埋もれて　花の上こぐ　海士のつり舟

の和歌を残した。

元禄二年（一六八九）松尾芭蕉は、奥の細道の旅で、西行を追って六月一七日に象潟を訪れている。芭蕉は、「奥の

細道」で、象潟について、つぎの紀行文をしるし、句を詠んだ。

其の朝、天能く霽《は》（れ）て朝日花やかにさし出る程に、象潟に舟をうかぶ。先（づ）能因嶋に舟よせて、三年幽居の跡をとぶらひ、むかふの岸に舟をあがれば、「花の上こぐ」とよまれし桜の老木、西行法師の記念《かたみ》をのこす。（略）…俤《おもかげ》松嶋にかよひて又異なり。松嶋は笑うが如く、象潟はうらむがごとし。寂しさに悲しみをくはえて、地勢魂をなやますに似たり。

象潟や　雨に西施が　ねぶの花

象潟では６、７月頃にあちこちにねむの花が咲く

汐越や　鶴はぎぬれて　海涼し　（『芭蕉所持　素龍真蹟本』）

西施は、紀元前五世紀末、春秋時代浙江省紹興のうまれで、王昭君、貂蝉、楊貴妃とならんで中国四大美人といわれる。

呉越の時代に、戦いに敗れた越王勾践が、復讐のための策謀として、呉王の夫差に、美女の西施を献上したという。策略は見事にはまり、夫差は彼女に夢中になり、呉の国は弱体化し、ついに、越に滅ぼされたという説話がある。

芭蕉は、象潟雨に濡れそぼつねぶの花に、西施の睫を重ねてこの句を詠んだのである。

芭蕉が象潟を訪れたときは、まだ、象潟大地震が発生する前であった。当時は、象潟皇宮山蚶満寺のまわりは、八十八潟、九十九島といわれる島々が海に浮かんでいた。現在は、島々のまわりは、田園となっている。

この、象潟市街地から南東の鳥海山にむかって、約四㎞山裾を登ったところに、小滝金峰神社がある。所在地は、にかほ市象潟町小滝字奈曽沢一で、北緯三九度一〇分五五秒、東経一三九度五六分三二秒である。

小滝金峰神社に伝わるチョウクライロ舞は、平成一六年（二〇〇四）二月六日に、国の重要無形民俗文化財に指定されている。小滝金峰神社境内にある奈曽の白瀑谷は、国の名勝に指定されている。

二　奈良時代にはじまる小滝金峰神社

金峰神社の由緒について、神社の資料では、つぎのように説明する。

社伝によると、天武九年（六八〇）の草創とされ、役行者が小滝の少彦名神《すくなひこなのかみ》に蔵王権現《ごんげん》を合わせまつった。

斉衡三年（八五六）、鳥海山に「手長足長《てながあしなが》」という悪鬼が棲み、人力では退治することができないため、文徳天皇は円仁（慈覚大師）に法力で退治するように命じた。その際に、円仁は、役行者がまつった鳥海大権現と小滝の蔵王権現に祈願して、手長足長を退治した。

そのとき、僧円仁は、蔵王権現の社頭のアララギの大木で、一丈六尺の立木観音と二一社の蔵王権現を彫刻安置した。また、陵王、納曽利の面をつくり、五三段の石段と土舞台を築き、閻浮を奏して八講祭をおこない、神恩に感謝の祭りをささげた。このときの舞が「チョウクライロ舞」である、という。

この社伝は、鳥海山根元小瀧院主龍山寺古記の『神業古實記』内容がその根拠になっていると考えられる。その社伝では、金峰神社の由緒についてつぎのように説明している。

天武天皇の白鳳九年（六八〇）に、東北に悪い病が流行した。そこで、薬師寺を建て、祈願し役行者をつかわして、鳥海大己貴神（＝おおあなむちのかみ・大物主神＝大国主神）に薬師如来を習合して鳥海大権現とした。

また、小滝龍頭寺の少彦名神に仏神を習合して蔵王権現（釈迦如来、弥勒菩薩、千手観音の化身）と熊野権現をまつり、病気平癒を祈願した。

斉衡三年（八五六）、慈覚大師円仁が、鳥海山にすむ「手長足長」を退治したときに、鳥海大権現と蔵王権現を奉じた。つまり、金峰神社では、大国主神と薬師如来を習合した鳥海大権現、それと蔵王権現、熊野権現の三つの権現をまつっているというのである。

円仁が造営したという53段の石段

円仁が彫刻安置したという立木観音像

円仁がつくったという社伝の陵王・納曽利面

本殿正面に位置する奈曽の白滝

権現信仰は、六世紀の仏教伝来の後、土着の過程で平安時代中期頃に、神仏習合のなかに生まれた。代表的なものに、山王権現、春日権現、熊野権現、蔵王権現などがある。

したがって、少彦名神に蔵王権現を合わせまつったのは、社伝が述べる時期より、もうすこし時代がくだるであろう。

奈良の吉野山から和歌山の熊野まで、約五〇kmにわたって連なる山を、大峯山とよぶ。役行者は、山岳呪術者で、役小角《えんのおづぬ》、あるい役優婆塞《えんのうばそく》、また光格天皇があたえた諡《おくりな》で神変大菩薩とも呼ばれる。

役行者は、大峯山を修行の地として、千日の厳しい苦行の末に、金峯山《きんぷせん》（山上ヶ岳）で、金剛蔵王権現を感得したと伝えられている。この由緒によって、古来、大峯山や金峯山は、修験道第一の根本道場として崇敬されてきた。役行者は、修験道の開祖ともいわれる。

小滝の金峰神社の由緒は、奈良吉野の金峯山修験信仰にもとづくものである。金峯山系の修験の系譜を根幹とする思想的背景が、小滝の金峰神社からうかがえる。

小滝金峰神社の祭神は、少彦名命（少毘古那神《すくなひこなのかみ》）である。少彦名命は、『古事記』や『日本書紀』では、国津の大国主命とともに、国つくり、国土経営につくした神としている。また、大国主命が病の時、少彦名神がもってきた温泉で湯浴みさせ、健康が回復したことから、温泉神とする信仰がある。

さらに、『日本書紀』には、病を除く法、虫害、鳥獣害を除去する法をさだめたとする。そして、酒の神としても信仰され、多くの神徳をもった神とされる。

金峰神社は、もともと、何と呼ばれたかは、記録上にない。本地垂迹説にもとづく神仏習合時代に、鳥海山大物忌神社の別当寺、つまり大物忌神の神宮寺であったともいわれる。江戸時代には「蔵王堂」と呼ばれ、龍山寺を別当とする宮寺一体の形態で、鳥海修験の中心地の一つとして信仰をあつめた。

明治二年（一八六九）に「鳥海神社」と改名し、大正二年（一九一三）には、境内社の熊野明神社を合祀して、現在の「金峰神社」と改称した。

現在の社殿は、境内の奥にあり、奈曽の白瀑布と鳥海山を正面にのぞむ場所に建立されている。すさまじい音の白瀑布にともなう水の信仰と、その水の源となっている鳥海山の山岳信仰を意識した建て方になっている。

高橋富雄氏が述べるように、奈曽川の白瀑布は、龍が昇り降りする舞台として絶好の場所である。川自体を龍になぞらえることもできる。そして、奈曽ということばは、舞楽の納曽利の龍を想起させる。

神社社殿の彫刻には、酒田市（旧平田町）の飛鳥にある飛鳥神社の拝門にみられるものとおなじ、棟木をもちあげる二体の力士像や龍、鳳凰、獅子などの彫刻像が見うけられる。

三　神霊を鎮める聖地の小滝

小滝で、なぜチョウクライロ舞が舞われのか。社伝では、つぎのように語る。

嘉祥二年（八四九）頃から、「手長足長」という怪物が棲みついており、人々を苦しめていた。天安元年（八五七）文徳天皇の勅命を受けた円仁が、小滝村蔵王権現の神社に護摩壇を築いて祈願し、怪物を退治した。円仁は、蔵王権

京都御所北東に位置する広大な良房（染殿）邸跡

現近くにあったアララギの大木で観音像を作り、また、五三段の石段と、土舞台を築き、神に感謝する儀式をおこなった。このときの舞が、チョウクライロ舞であるという。

伝承のモチーフは、土着の怪物がいて、民を苦しめていた。天台僧の円仁が仏教の力で、怪物を退治した戦勝記念に、仏像をつくり安置し、儀式としての舞楽をおこなった、というものである。

ここで、注目したいのは、嘉祥二年と天安元年という年号である。語りつがれる民間伝承のなかで、年号は、歴史的事実の解明の重要なキーワードとなる。何の根拠もない年号をつくり上げる必要性はなく、虚飾されずに淡々と伝承されていくという特性を、伝承の中の「年号」はもっている。年号が人々の記憶に残る年は、人々の心に大きな影響をあたえた出来事が潜んでいる。

たとえば、貞観二年（八六〇）という年号がある。この年号を神社や寺院で創建の年とするものが、全国的に、非常に多い。

この年の三年前に、藤原良房（八〇四〜八七二）は、九歳の惟仁親王を清和天皇として帝位につかせ、みずからは、民間人では歴史上はじめて天皇の摂政となった。

藤原北家出身の藤原良房は、嵯峨天皇の娘である源潔姫を妻にした。良房の妹の順子は、嵯峨天皇の子である仁明天皇の妃となり、仁明天皇と良房は、義兄弟の関係になる。

仁明天皇の子である文徳天皇は、良房の娘の明子を女御とした。さらに、文徳天皇の子が清和天皇となった。清和天皇は、良房にとって実の孫である。

親子三代にわたって天皇と姻戚関係をむすんだ良房に、絶対的な権力が集中しないはずがない。

この藤原良房が、全国の神社や寺院にたいして、国家安定のために、当時、一一歳の幼帝をとおして貞観二年（八六〇）四月一九日に、仏頂尊陀羅尼経を読誦させて、永く、歳時とするように命じた。そして、一二月八日に国家安泰の儀式をおこなうように諸国の社寺に命じているのである。

この記憶が、貞観二年（八六〇）に創建されたという社寺が多い理由である。インパクトの強い国家レベルの出来事が、人々の脳裏に、強い記憶となってきざみこまれたのである。

このように、歴史の記憶にのこる年号は、かならず、強烈な出来事をそのなかに秘めているのである。

話を、手長足長と円仁に関わる嘉祥二年（八四九）と天安元年（八五七）にもどそう。

これらの時期の国の動きをみると、嘉祥元年（八四八）、仁明天皇の伯父である藤原良房は、右大臣となっている。藤原良房が、大和朝廷の中枢にしだいに昇りつめていく時期である。妹が皇后となり、良房が政治権力を掌中にする端緒の時期が、この嘉祥のころである。

また、天安元年（八五七）は、藤原良房の娘婿である文徳天皇が崩御する一年前の年である。この年に、藤原良房は、太政大臣になっている。

翌年の天安二年（八五八）に、崩御した文徳天皇にかわって、良房の実孫である一一歳の清和天皇が即位する。良房は、太政大臣にくわえて、清和天皇の摂政関白になっている。このときこそ、天皇の実祖父として、藤原良房が国家の全権力を掌中にしたときであった。

良房の時代に、全国に舞楽がひろめられている。宮廷儀式である舞楽は、後で詳しく述べるように、霊を鎮めることを根本的なねらいとする。

承和九年（八四二）に、良房が伴健岑や橘逸勢、藤原愛発、藤原吉野らを排斥して、良房の妹順子が生んだ道康親王を立太子させて、八年後に文徳天皇とした、いわゆる承和の変があった。このとき、伴健岑は、拷問のすえ隠岐の島に流され、橘逸勢は伊豆に流され憤死した。

良房は、権謀術数で、政敵を追い落とし、自分の位置を確立した。追い落とされた政敵は、いずれも恨みを持って憤死している。

古代以来、戦死、刑死など不慮の死をとげて子孫の祭祀をうけられない者が、怨霊となって人々にたたり、害をなすという怨霊（御霊）思想があった。怨霊を鎮めるために、貞観五年（八六三）、早良親王や、橘逸勢らの霊を鎮めるために、神泉苑で御霊会を営んでいる。

舞楽の本質は、鎮魂である。

小滝で、円仁は、戦勝を記念して舞楽を舞わせたとするが、なぜ、ここを舞台としたか。

それは、朝廷軍と戦い、深い恨みをもって死んでいった蝦狄たちの霊をなぐさめる必要があったのであろう。

では、なぜ、鳥海山の麓にあるこの場所を、神鎮めの場所として選んだのか。

それは、大和朝廷の出羽国の拠点である国府の城輪柵《きのわのさく》を守護する目的で、鳥海山を奉ったと考えられる。

大物忌神がいます御山の神と、朝廷側の人々が交感できる立地条件をそなえた場所として、小滝を選地したのではなかろうか。

小滝は、大物忌神が存在する御山と里人が住む結節地点になっている。そして、奈曽川という神の水が瀑布となって落下するところであり、龍が陵王や納曽利となって昇り下りするのに最適の条件をそなえた場所である。

その条件とは、どういうものなのか。

古代の御山・霊山信仰には、地理的な基本的なパターンがある。それを簡潔にまとめると、つぎのようになる。
①里から眺める美しい円錐形の標高の高い水を供給する山があること。霊が昇り、水で豊穣をもたらす水分山《みくまりやま》。
②その霊山に端を発する平野の真ん中を流れる川があること。その川を中心に扇状地を形成していること。これは田畑の灌漑用水や、舟運として利用される。
③霊山の麓にはおにぎり型の里山があること。東北地方では、「モリ」という呼称が多い。里人の直接の祭祀の場所となっている。
④山と里の結節点に滝があること。この結節点に不動堂や神社・仏閣が建立される。
⑤里は平野部となって穀倉地帯となっていること。大和朝廷にとって財政を潤す税の基本である米倉となる。
⑥川は、大河に合流するか、または、海に流れこむこと。米など大量の荷を舟によって、水上・海上交通を利用して、都に運ぶルートになる。米は、朝廷や貴族たちの生活を支え、国家体制を維持するための財源である。
古代東北の御山・霊山信仰の地理的基本パターンは以上のとおりである。

これを、チョウクライロ舞が伝わる象潟にあてはめると、つぎのようになる。
①物忌神の山（鳥海山）、②奈曽川、③霊山、④奈曽の白瀑布、⑤象潟の平野部、⑥日本海に流れ込む奈曽川である。
まさに、霊山・御山信仰の基本的パターンにピタリと合致し、地理的立地条件を、この象潟は兼ね備えているのである。

大和朝廷にとって、国家を護る先頭堡としての天台寺院を、東夷・北狄の地に建立することは、異民を教化するた

御山・霊山信仰の拠点、奈曽の白滝

めには不可欠な要件である。神と人間が交感する舞台として最適の条件をそなえている小滝を、僧円仁は、神鎮めの場所として選んだのである。

円仁が創設したという蔵王堂（もとは龍山寺か）が、この象潟の小滝の地に立地されたのは、いまのような必須条件を満たしていたからである。

そして、大和朝廷と蝦狄が壮絶なたたかいをくり返し、多くの死者を出し、大和朝廷の国家を鎮護するためには、敵が多く死に、それらの怨みが、朝廷側にたたりをなすことがないように、敵の本拠地で、霊の鎮魂儀式が必要であった。鎮魂は、敵の本拠地でおこなわれるのである。

蘇我氏と物部氏が仏教の信仰に関し戦いをおこなった。蘇我氏側にあった厩戸皇子（聖徳太子）は、四天王寺を建てる約束をして、勝利祈願した。

たたかいは、蘇我氏側が勝利する。そこで、厩戸皇子は、物部氏の本拠地である荒陵《あらはか》の地に、四天王寺を建立した。

たたかいで打ち滅ぼされた物部氏の怨念が、たたりをなさないようにと、四天王が邪鬼を踏みつけるように、物部氏の地に怨念を封じ込めたのであろう。

これと同じ思想が、小滝の地に影をおとしている。

恨みをもって滅ぼされた蝦狄の霊が、朝廷側にたたりをなさないように、そして、それらの霊を封じ込めるために、大和朝廷は、寺院を建立させた。そして、霊の鎮魂儀式である舞楽を、小滝を舞台にして舞わせたのである。

社伝は、円仁によって退治された怪物の「手長足長」の説話が、蝦狄と大和朝廷のたたかいを象徴的にあらわしていることを伝えている。

四　手長足長は、鬼になったのか

小滝周辺に棲んだという手長足長について、『神事古實記』では、「手長足長ト云悪鬼住ミ参詣ノ往来人取喰万民嘆」、「小瀧村別当小僧樵夫奉倶悪鬼悪魔退散其砌慈覚大師正木之観音立木御直作」と記述しており、手長足長は悪鬼悪魔という認識であることをしめしている。

平安時代の九三〇年代に、源順によってまとめられた『倭名類聚鈔』では、「鬼」は、「於爾《おに》」と呼び、「或説では、『隠』の字の訛《なま》りである」と紹介している。また、「鬼は、物隠れて形を顕すことを欲しない故に、俗に『日隠れ』と呼び、人の死の魂神が鬼である」と記述してある。このように平安時代当時には、鬼は死者の霊魂である、との認識があった。

大和朝廷に殺戮、殲滅された蝦狄たちの悲憤、怨念は、すがたが見えない鬼＝怨霊となって、恨みをはらす存在であった。古代において、凶事や天変地異は、鬼＝怨霊や死者の魂魄のなす術であると考えられた。

平安時代の悪霊・悪鬼を追い払う、四つ目の方相氏《ほうそうし》の追儺《ついな》の行事が、京都の平安神宮でおこなわれるが、古代の鬼信仰は、大和朝廷をはじめ、ひろくおこなわれていた。

ちなみに、古代インドにおいて「鬼」という概念は存在し、サンスクリット語で、preta（プレータ）といい、死んでのち、供養されないものは、プレータになると考えられていた。大乗仏教では、夜叉や羅刹など凶暴な精霊をすべて鬼と称している。また、地獄の獄卒を鬼ともいっている。

平安時代の出羽国府であった城輪柵《きのわのさく》は、庄内平野を流れる最上川右岸にある。鬼門である北東には、神の山である鳥海山の美しい山容が大きくそびえている。城輪柵は、鬼門を意識して選地されている。

出羽国府付近にある八幡町俵田遺跡では、昭和五八年（一九八三）に、呪術的な祭祀遺構が発見された。

この遺跡の年代は、出土遺物から九世紀後半のものとされている。この遺跡からは、斎串《いぐし》、木製人形、木製短刀などの遺物の他に、人面が墨書された赤焼きの甕《かめ》が出土した。その甕の体部に、四体の奇妙な人物と「礒鬼坐」という文字があった。

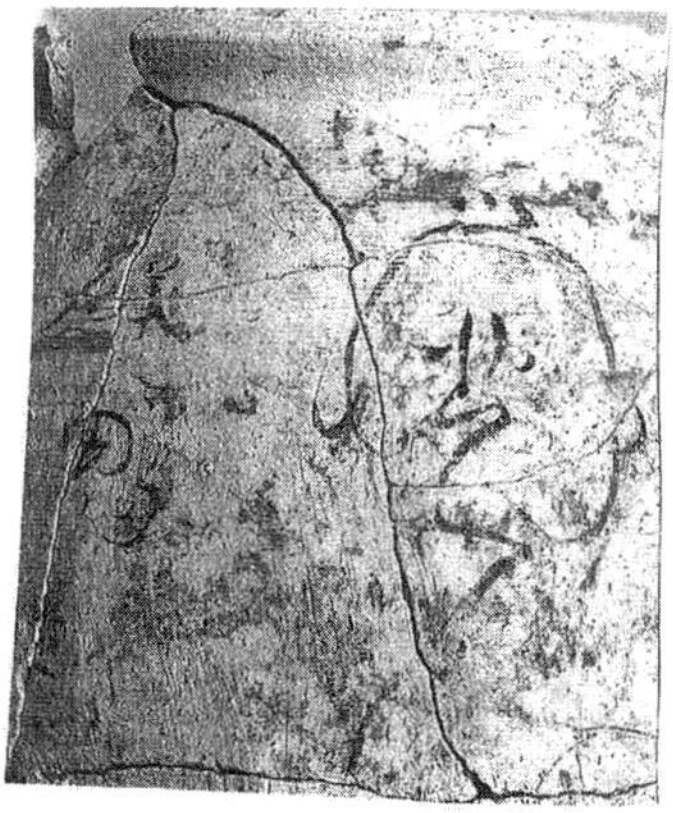

俵田遺跡出土の人面墨書甕
（『俵田遺跡発掘調査報告書』）

「礒」は「磯」の異体字であるが『倭名類聚鈔』では、石扁の代わりに鬼の扁を書き、「呉の人は、鬼といい、越の人は鬼のことを魕という」と述べている。すると、この墨書は、「磯鬼坐（おに、おに、います）」と読める。このことから、鳥海山の麓の国府の近くで、魕鬼を鎮める呪術が行われたことを、この墨書文字は、如実にあらわしている。

山形県から秋田県にかけての日本海側には、今もなまはげ、あるいは、あまはげという風習が残っている。このなまはげは、鬼を象徴しており、鬼＝怨霊を表象したものが、現在まで引きつがれたものかもしれない。

大和朝廷にとっても、あるいは現地の蝦狄にとっても、目に見えない死者達の魂魄である神霊・鬼＝怨霊は、存在していたのである。

自然的・地理的立地条件をみたす、かつては、蝦狄が朝廷軍に滅ぼされて、鬼＝霊となって現れる象潟という地に、天台宗寺院を建立し、鎮魂の儀式である舞楽を、閻浮台と呼ぶ土舞台で舞うことは、必然性をもっていたのである。

五　鳥海山・金峰神社をめぐる四つの画期

私は、チョウクライロの語源を考えるうえで重要な、鳥海山と小滝金峰神社の歴史について、つぎの四つの画期を考え、論をすすめる。この画期は、国家政策の大きな転換期であり、とくに、東北地方における宗教信仰や文化の大きな転換期に視点をおいた区分でもある。

（一）七〇〇年代の大和朝廷による出羽国建国
（二）八〇〇年代の天台信仰と神の信仰
（三）一〇〇〇年代からの修験道の興隆と神の交替
（四）一八六〇年代に仏教の悲劇

この画期ごとの内容を、順をおって考察してみる。

（一）七〇〇年代の大和朝廷による軍事侵攻と出羽国建国

第一期は、七〇〇年代の古代大和朝廷による律令国家生成がおこなわれた時期である。

この画期は、西暦七〇〇年代で、奈良平城宮の大和朝廷が律令による中央集権国家づくりをすすめた時期である。大和朝廷への蝦夷《えみし》・蝦狄《かてき》征討と、移民による陸奥国・出羽国の建国期である。

七〇〇年代初期からの律令期に、大和朝廷は、東北地方の夷狄《いてき》経営策を積極的に展開した。夷狄とは、東夷・北狄をしめすことばで、東夷は、東北地方の太平洋側にすむ現地民をさし、北狄は、日本海側にすむ現地民をさしている。

鳥海山・小滝金峰神社をめぐる四つの画期の図式

西暦年代	時期区分	舞楽と延年・田楽	神仏の意図
～700年	伎楽等の日本への伝来期	伎楽・舞楽の伝来	
	612年百済の渡来人味摩之が中国の呉から、伎楽を伝える		
700年代	大和朝廷による 律令国家生成期		
	朝廷は武力により、東北地方に勢力を拡大。朝廷軍と蝦夷・蝦狄の戦いがつづく。陸奥国・出羽国を設置		敵を打ち、戦勝をもたらす神仏 大物忌神
800年代	天台信仰と神との国家形成期	舞楽興隆期・伝播（陵王・納曽利・太平楽・二の舞などの古舞楽）	
	国家鎮護のため天台信仰が東北地方に広まる。薬師信仰。舞楽興隆期。舞楽が広く伝播。神宮寺が置かれる		怨霊を調伏する神仏 怨霊を調伏する国家儀式の舞楽
1000年代	修験道の興隆と神の交替期	延年・田楽舞（花笠舞）	修験による神仏混淆
	国家鎮護のための神が、農業神に交替する		神仏に延命や五穀豊穣を願う
1860年代	神仏分離と廃仏毀釈期		仏教の受難の時期
現在	金峰神社の神事で奉納	舞楽と延年の併存	神に延命や五穀豊穣を願う

当時の大和朝廷では、北日本の太平洋側は「東」であり、日本海側は「北」と認識していた。大和朝廷は、中華思想により、東夷・北狄ととらえていた。すなわち、東と北の地域は、野蛮な人々が住む、と考えていたのである。「六国史」にあらわれる蝦夷ということばは、太平洋側に居住する現地民をあらわし、蝦狄は、日本海側に居住する現地民をしめす言葉である。「六国史」においては、陸奥・出羽の国成立後に、この両者をつかい分けて表現している。

この時期に、大和朝廷は、野蛮な人々を教化するという名目で、武力で戦線を北日本に北上させた。太平洋側においては、蝦夷征討と移民政策により陸奥国を創り出し、日本海側においては、征狄政策と移民により、出羽国つくりをすすめた。陸奥は、「道奥国」道の奥の国であり、出羽国は、越の国から端にはみ出た国という意味で名づけられた。まさに、中央集権思想を如実にしめす国名である。

こうした大和朝廷による、東北地方経営の公的な記録が「六国史」の『続日本紀』などに掲載されている。以下の内容は、『続日本紀』に掲載されている内容である。

○和銅元年（七〇八）、元明天皇は、日本海側の越後《こしのみちのしり》の国を北に延張して出羽郡を設置することを許可した。

○和銅二年（七〇九）、元明天皇は、三月五日、「陸奥、越後の蝦夷は、野蛮な心があって馴れず、しばしば良民に害を加える。」として巨勢朝臣麻呂を陸奥鎮東将軍に、佐伯石湯を征越後蝦夷将軍に任じ、遠江《とおとうみ》、駿河《するが》、甲斐《かい》、信濃《しなの》、上野《かみつけの》、越前《こしのみちのくち》、越中《こしのみちのなか》などの国々から兵士を徴発し、それぞれ、東山道と北陸道から陸奥、越後の蝦夷・蝦狄を討伐させた。

○和銅二年（七〇九）七月一日、朝廷は、従五位上の上毛野朝臣安麻呂を陸奥守に任じた。諸国に命じて、兵器を出羽柵に運び送らせた。七月一三日には、越前、越中、越後、佐渡の四国の船一〇〇艘を、征狄所に送らせた。

○和銅五年（七一二）一〇月、陸奥国に属していた最上郡《もがみぐん》と置賜郡《おいたみぐん》を分割し、これを含めて出羽国を建置した。建国にあたっては、陸奥国に近い関東や北陸、越の国から、多くの移民が実施された。さらに、多くの軍も投入された。

○和銅七年（七一四）二月一三日、はじめて出羽国に養蚕をさせた。十月二日、蝦狄鎮撫と辺境の開発のためとして、元明天皇の命により、尾張《おわり》、上野、信濃、越後の人民それぞれ二〇〇戸（約二万人）が出羽柵戸《きのへ》に移配された。

○霊亀元年（七一五）五月三〇日、元正天皇の命により、相模《さがみ》、上総《かみつふさ》、常陸《ひたち》、上野、武蔵、下野《しもつけ》の各国の富民一〇〇〇戸（約二万五〇〇〇人）を陸奥国に移民させた。

○霊亀二年（七一六）九月二三日、陸奥、信濃、上野、越前、越後の五国の百姓を各一〇〇戸（約一万二五〇〇人）を出羽国に遷す大規模な移民がおこなわれた。

○養老元年（七一七）二月二六日、元正天皇は信濃など四国の百姓各一〇〇戸（約一万人）を出羽柵戸に配した。

○養老三年（七一九）七月九日、東海、東山、北陸三道の民二〇〇戸（約五〇〇〇人）を出羽柵に入植させた。

このように、大和朝廷律令期における東北の蝦夷・蝦狄の地の経営は、軍事力による侵攻鎮圧と大規模な移民政策であった。

その侵攻の過程で、朝廷側と蝦夷・蝦狄の間において軋轢が生じて、壮絶なたたかいがくり返された。七〇〇年代は、朝廷軍と蝦夷・蝦狄軍とのたたかいの時代でもあった。

この時期の六国史での東北地方に関する記事は、もっぱら、朝廷勢力の北辺への侵攻記事が主体となっている。

このような社会状況のなかで、鳥海山信仰に関する資料は、みられない。

この時期には、山岳について、人々は、山は死者の霊魂が帰っていく場所と考えていた。これが、山中他界観である。この考えが後に仏教と結びつき、平安時代になると、山中浄土観へと発展する。さらに、平安時代末期から鎌倉時代にかけては、この信仰が修験道として発展していく。

また、人々の間には、山は、水源となり、人間の生活にとって必要欠くべからざる水を供給することから、水分《みくまり》の山という信仰があった。神となった祖霊が水を供給するという思想である。水は、農業の生命線であることから、農業の神、豊穣の神としてもまつられた。

さらに、山は神々の住まう天に近いという考えから、神の降臨する場とみなされた。天孫瓊々命《ににぎのみこと》が、筑紫の日向《ひうが》の高千穂のクシフル峰に降臨したり、饒速命《にぎはやのみこと》が河内の国に天降ったり、『出雲国風土記』に、国津神である「宇夜都弁命《うやつべのみこと》（女神）其の山峯に天降り坐しき」とあるように、神が、山の峰に天降ったと伝えるのは、神の降臨の場としての山岳という信仰が、上古いらい広く各地に存在していたことを物語る。

修験の拠点となった山岳霊場には、しばしば磐座がみられる。これは、山岳を天から降臨する神の座所と考えたからである。

このように、当時の人々にとって、山は死霊のもどる他界、神が降臨する霊場、そして、里に住む人々の生死を与奪する水分神が支配する生命の根源の場所でもあった。

第一期における鳥海山は、これらに加えて、火を噴く恐るべき神の山としても、とらえられていた。

鳥海山の噴火活動について、つぎのような記録がある。

小滝の旧記による、敏達天皇七年（五七八）一月一六日の噴火記録。由利郡直根村旧記による、推古天皇期と元明天皇の和銅年間（七〇八～七一五）の噴火記録。由利郡矢島の旧記による、元正天皇の養老元年（七一七）六月八日の噴火の記録などである。昭和四七年に、鳥海山は、噴煙を吹いたことがあり、現在は、鎮まっているが、これらの記録は、古代においては、鳥海山の火山活動が活発であったことを物語っている。

こうした畏敬すべき山岳にたいし、現地にすむ人々は、生命や日々の生活の安寧を願ったであろう。また、中央集権国家を形成しようとした大和朝廷は、まつろわぬ人々を武力で鎮圧し、戦勝を実現するために、神仏の力でその目的が成就するように祈願した。

（二）八〇〇年代の天台信仰による異民教化

第二期は、八〇〇年代である。大和朝廷の都は、奈良から京都へと遷る。この時期には、天台信仰と神による国家形成がおこなわれた。

八〇〇年代になると、朝廷と蝦夷・蝦狄とのたたかいは、いちおう沈静化した。この時期の国家政策の二大事業は、平安京の造営と東北地方の経営であった。大和朝廷は、武力による征討支配政策から、仏教信仰による異（夷）民教化へと政策を大きく転換した。武力によって夷狄統治は実現しなかったし、困難であると考えたのであろう。

大和朝廷は、べつの戦略をたてた。武力で敵の降伏を願うのではなく、おなじ鎮護国家でも、修法し仏教の力で夷民を教化し、たたりをなす霊魂を鎮め、国を安泰にする鎮護国家づくりをめざしたのである。

そこで、朝廷は、天台宗を国家仏教の第一に指定して国教とみなし、東北地方を重点的地域として教義を広めた。その教義を中心とする文化が陸奥国・出羽国に流れ込み、天台宗の教線がしだいに北へと延びていった。

このようにして、文民統治により、東北地方で天台寺院を拠点に天台宗がひろまった。

この時代は、怨霊信仰の時代でもある。この時期には朝廷が恐れる怪異や、大地震・火山の噴火など天変地異が、全国で続けざまにおこった。

それらを怨霊の仕業と考えた朝廷は、御霊会《ごりょうえ》など霊の鎮魂を行う儀式を催した。蝦夷・蝦狄と壮絶なたたかいをくり返し、うち滅ぼされた蝦夷・蝦狄たちの霊を鎮める必要があった。

当時の人々にとって、理解不可能な現象をひきおこす霊を鎮めるためには、神仏に祈るしかなかった。そのひとつが国家鎮魂の重要な儀式の舞楽であった。宮廷儀式の舞楽は、単なる宮廷芸能ではなく、切実な願いをこめた魂魄鎮めの儀式だった。それも、敵の本拠地でおこなう必要があった。

八三〇年前後に、天台宗の教線は、東北地方の南部にいたる。陸奥国に霊山寺（現福島県霊山寺町）、同じ陸奥国に松島寺（現宮城県松島町）、出羽国の原立石寺（現山形県山形市）が創建された。いずれも天台宗の寺院である。

草創が天長期まで遡ると考えられる立石寺

淳和天皇の天長七年（八三〇）一月三日に、出羽国秋田の大地震があり、七三三年建置の秋田城が、壊滅的な被害をこうむった。鳥海山などを源流とする雄物川の河床が裂けて水が枯れ、また、多くの死者もでた（『日本後紀』）。これら震災の被害をうけた現地民（教化した蝦狄）と、七一五年、七一六年に朝廷の命により、関東の国々から移民してきた大勢の人々の子孫の救世済民のために、朝廷の命により、天長七年七月一二日、一八の寺に僧が派遣された（『日本後紀』）。

このなかに、三六歳の僧円仁がいたことが考えられる。

天長五年（八二八）から、僧円仁は、法隆寺と四天王寺で『法華経』と『仁王経』の講師をつとめていた。天長六年（八二九）夏、北土（出羽国）で疫病により多数の死者がでたことから、朝廷の命により、僧円仁は、四天王寺での講師を中断し、北土の人々の慰撫・救済のために、出羽国にむかった。

『慈覚大師伝』—三千院本には、天長六年（八二九）「従レ是以後。向二北狄一。」とある。北狄とは、日本海側の蝦狄のすむ場所で出羽国のことである。僧円仁は、出羽国に向かったのである。

そして、天長七年（八三〇）一月三日、午前八時。秋田大地震が発生した。

この地震は、巨大地震である。秋田城国司の藤原朝臣行成は、「大地が振動して、その音は、雷のようであった。秋田城の城郭、官舎、四天王をまつる堂舎はことごとく倒壊した。雄物川は川底が裂けて、水がすっかり涸れた」という内容を、朝廷に報告している（『類聚国史』）。

当然、僧円仁は、大打撃をうけた出羽国で被災者、病者の救済をおこない、死者の追悼をおこなったであろう。

嘉祥三年（八五〇）一〇月に、ふたたび出羽国で大地震が発生した。

出羽国府城輪柵　丑寅（北東）の鬼門に鳥海山

『日本文徳天皇実録』文徳天皇の嘉祥三年一一月の記事に、「出羽国言上。地大震裂。山谷易處。壓死者衆。」とある。

地がおおいに震え裂けて、山谷が処をかえて圧死者が多くでたという状況である。

このときは、出羽国府から朝廷に対して、国府移転の願いが出されるほどの被害をうけている。

八五〇年代、嘉祥三年（八五〇）に、陸奥国に中尊寺、毛越寺（現岩手県）が円仁によって開かれた。仁寿三年（八五三）、出羽国の干満珠寺（現象潟の蚶満寺）が、円仁によって開創されたという。この時期に、陸奥国や出羽国に天台宗の寺院が創建されている。

ふしぎなことに、天台宗の寺院が建てられた年代と、大地震の発生の時期は、奇妙に一致している。朝廷軍によってうち滅ぼされた蝦狄の怨霊がたたりをなして、天変地異を起こしている。このように考えたであろう大和朝廷が、その怨霊を調伏し、国家を鎮護し、民生を安定するために、天台宗の力を借りようとしたのであろう。そのために、霊魂を鎮めて、現地の統治をおこなう国の機関的施設として天台寺院を、国家財政によって創建していった。

こうして天台宗の教線が国の政策により北上する一方、神の信仰も国の政策で活動を活発化させている。在地神である国つ神に集中的に叙位や神階がさかんにおこなわれ、神の信仰が、国家政策のなかで活発化する。

この時代に、鳥海山は朝廷により大物忌神の山とされた。「六国史」では、大物忌神は、国家鎮護の守護神として神意を与える神であった。蝦夷・蝦狄の反攻を事前に察知し、噴火などの異変によって、事の次第を朝廷に告げ、神託を与える神であった。

この八〇〇年代は、天皇の公的な記録である「六国史」をみると、日本列島全体が活発な活動期で、大規模な地震や火山噴火にみまわれている。

貞観六年（八六四）五月二五日、富士山の噴火。引き続き七月一七日、さらに、八月五日にふたたび噴火している。

貞観一一年（八六九）五月二六日には、東日本大震災と同規模の巨大地震が陸奥国で発生した（『日本三大実録』）。

清和天皇の貞観一三年（八七一）四月八日には、鳥海山が噴火した。『日本三大実録』四月一五日の項につぎの記事がある。

出羽国司言。従三位勲五等大物忌神社在二飽海郡山上一。巌石壁立。人跡稀レ到。
夏冬戴レ雪。禿無二草木一。去四月八日山上有レ火。焼二土石一。又有レ聲如レ雷。（中略）

弘仁年中山中見レ火。…

この記録から、嵯峨天皇の弘仁年間（八一〇～八二三）に鳥海山の噴火があったことがわかる。そして、貞観一三年（八七一）にも噴火があった。鳥海山は、この時期に活発な火山活動をくり返しているのである。

光孝天皇の仁和三年（八八七）七月三〇日には、諸国大地震が発生した。これは、南海トラフを震源とする大地震のようで多くの国が大被害を受けている（『日本三大実録』）。

鳥海山が正史に最初に現れるのは、仁明天皇の承和五年（八三八）五月一一日で、出羽国従五位上勲五等の大物忌神に、正五位下を授けている。当時の出羽国の国司は、従五位下を天皇から受けているので、国を代表するような位を、大物忌神に与えているのである（『続日本後紀』）。

承和七年（八四〇）七月二六日には、正五位下から従四位下に神階がおこなわれている。

元慶二年（八七八）出羽国の俘囚が秋田城を急襲する戦乱があり、これが平時に復したということで、大物忌神に、従二位勲三等の位が与えられている（『日本三大実録』）。

承和から貞観年間（八三四～八七七）にかけて、神階の授与が急増し、仁寿元年（八五一）には、大規模な同時一斉叙位がはじまった。これは、藤原良房が国の実権を握ろうとしているときと重複している。

火山噴火や大地震が神意のあらわれとみなし、大和朝廷（良房）は、荒ぶる神を鎮め、国家安寧を願って叙位をおこなった、と考えられる。

以上のように、この時期は、天変地異がつづき、世情が不安におちいった時期である。そこで、大和朝廷は、国情や民生を安定させるために、神仏の力を借りる政策を展開した。人々を救済する薬師信仰が広まるなかで、鳥海山は、済民救世をねがう天台信仰の活動の場となった。また、神威を発揚する国家辺境の守護神としての役割もになった。

金峰神社の由緒で、僧円仁が斉衡三年（八五六）に、「法力で手長・足長を退治した」のは、この時期である。

「手長足長」という悪鬼は、長髄彦《ながすねひこ》を思い起こさせる。長髄彦は、登美毘古《とみびこ》（鳥見彦）ともいう。神武天皇が、東征の際に、大和を拠点としてこれに抵抗したと伝える豪族である。その妹の三炊屋媛《みかしきやひめ》、別名長髄媛、鳥見屋媛《とみやひめ》が、物部氏の祖神饒速日命《にぎはやひのみこと》の妻となった。

女酋で巫女でもある鳥見屋媛は、天の磐船に乗って天降った饒速日命の妻となり、子を産んでいる。

長髄彦がなかなか皇軍に帰順しようとしないので、饒速日命は、長髄彦を殺して帝に帰順したと伝える。記紀にみえる「登見《とみ》」という名は、大和の地名である。長髄《ながすね》という名は、蛮人のあだ名としてもちいられたものといい、七束《ななつか》脛《はぎ》・八束脛《やつかはぎすね》または手足の長い土蜘蛛《つちぐも》の話にみられる。野山を走る速さを、手足の長さであらわしたものといわれる。

土蜘蛛とは、上代に九州から奥州に至るまで、広くすんでいたという種族をもさす。穴の中に住み皇命に服さず朝廷により征討される立場にある。尾のある土雲八十建《つちくもやそたける》（神武紀）は、身は短くして手足は長いという葛城高尾張の土蜘蛛（神武紀）、また、その脛の長さが八束ばかりで、大力があったという越後の八掬脛という土雲などをみると、異形の存在のように表現している。

『常陸国風土記』では、国巣の一名とし、『肥前国風土記』では、値嘉島《ちかのしま》の海人を土蜘蛛とよんでいることから、土蜘蛛という名は、特定の種族をさすというより、皇命にしたがわず、まつろわぬ民をしめす賤称であることが考えられる。そして、「穴の中に住み」というのは、竪穴式住居に居住していた民を意味するのであろう。

鳥海山すなわち、大物忌神の山の山裾にすんでいた現地民である蝦狄は、大和朝廷にとって、まつろわぬ民であり、出羽国の蝦狄を「手長足長の土蜘蛛」と呼称したのだろう。小滝金峰神社の手長・足長の説話は、まつろわぬ蝦狄を天台信仰によって教化し、恭順させようとした歴史的事実を物語っているのであろう。

（三）一〇〇〇年代からの修験道の広まりと神の交替

第三期は、一〇〇〇年代からの修験道が興隆し、信仰する神の交替がおこなわれた時期である。

この時期は、平安時代中期から、山岳仏教や密教の興隆により、各地の霊山が修験者の修行道場になり、修験道が隆盛をみせた時期である。

平安時代になって、土着の神と異国の神である仏との新たな関係づけがおこなわれ、より強固な社会的統合を図るために考えだされたものが、本地垂迹《ほんじすいじゃく》である。

本地垂迹の語は、もともと『法華経』のなかの如来寿量品第一六にある。永遠不滅の理想的釈迦像を本来のすがたとする本地として、歴史的に実在した釈迦は、その本地仏が仮のすがたでこの世にあらわれたもの、とする考えである。そのまま、神と仏との関係づけに転用したものが本地垂迹説である。

神仏習合の風潮がひろまり、本地垂迹説が普及すると、多くの神社に神宮寺が建立された。そして、寺に所属する僧により、神前読経等がおこなわれるようになった。神仏の関係は、仏を本地とし、神をその垂迹とみて、仏が神のすがたとなって権（か）りにあらわれて、衆生を救済すると考える権現思想へと発展していった。

一方で、山林修行者による山の神々の仏教化がすすんだ。吉野の蔵王権現のように、仏教の護法神としてあらわれる例や、土俗的な山中他界の祖霊信仰と阿弥陀・観音・弥勒の浄土観を結びつけた熊野修験の興隆・隆盛によって神仏習合形態は広範に受容されていった。その権現思想の代表的なものに、山王権現、春日権現、熊野権現、蔵王権現、白山権現がある。

やがて、これらの習合形態は、天台教学のなかで理論的な裏付けがなされて、「権現」としての神と、「本地」としての仏との個別の関係づけが、平安時代末期から鎌倉時代初期にかけて、積極的に試みられた。ほとんどの神社で、祭神の本地が定められ、仏本神迹説が一般化した。

このなかで、仏菩薩が慈悲広大な光を和らげ隠して俗界の塵に交わり、神の姿であらわれたとする和光同塵の考え方にもとづき、社寺の由緒来歴を語る縁起が、各地でつくられていくようになる。

一〇〇〇年代からの修験道の興隆期には、大物忌神は、国家辺境の守護神としての役割をほぼ終えて、豊穣と繁栄をもたらす神として人々に仰がれるようになった。

一一世紀から一二世紀にかけて、鳥海山の北と南の平野部では、在地領主の開発が進んだ。領主は、開発した私領の一部を大物忌神社に寄進し、給免田とした。こうした在地領主制の進展とともに、大物忌神の性格は、国家守護神から五穀豊穣を実現する農業神へと変化していった。

この神の性格の変質こそ、チョウクライロ舞の神事が二重構造をもつことの大きな理由である。

鎌倉時代末期になると、神を本地とし、仏を垂迹とする新たな神本仏迹説が主張されるようになった。

また、南北朝期の動乱の中で、天台・真言の顕密仏教のなかから、神道理論を構想する動きがあらわれ、天台では日吉社の山王一実神道、真言では、大和の三輪神道や伊勢外宮を中心とする伊勢神道がうまれた。

室町期になると、吉田兼倶があらわれて、真言密教や陰陽道、道教などの諸思想を総合した神道である唯一神道をはじめた。

神道は万法の根本であり、儒教は万法の枝葉、仏法は万法の花実とする根本枝葉花実説を唱えて、神本仏迹説の新たな理論をうち出している。

一〇〇〇年代から、鳥海山の登り口は、修験者たちの活動拠点としておおいに栄えた。

鳥海山の登り口は、主要なもので山形県酒田市楢橋の新山口、遊佐町蕨岡口、同じく遊佐町の吹浦口、秋田県のにかほ市矢島口、同じにかほ市の小滝口、そして由利本荘市の院内口などがある。

出羽国に属した山形県の遊佐や、秋田県のにかほ地域には、それぞれ、古代からの寺社があり、鳥海山の修験道の信仰と、それとかかわる山伏神楽などの神事が伝承されている。

にかほ市八島に伝えられている八島番楽（山伏神楽）、そして、小滝に伝わるチョウクライロ舞の一部の舞と鳥海山小滝番楽、遊佐町蕨岡の大物忌神社の大御幣祭と、その近くに伝承される杉沢比山番楽、遊佐町吹浦の大物忌神社で奉納される田楽舞の花笠舞、舞楽の色彩を色濃く残す旧平田町に鎮座する新山神社の新山延年、さらに、羽黒山西麓の雷電神社に伝わる高寺八講の花笠舞などがある。

修験の修行の拠点であった鳥海山の登り口では、現在でも霊山・御山をまつる神事がおこなわれている。これらは、この時期に大成したものと考えられる。

（四）一八六〇年代に仏教の悲劇

最後の第四期は、一八六〇年代の神仏分離と廃仏毀釈がおこなわれた時期である。

江戸時代に入り、神社と寺院が一体化した状況が各地で見受けられるようになった。しかし、仏教側が思想的・宗教的な力を次第に喪失していき、逆に神道側は仏教を排斥する国学の影響を受けて、復古神道である国学神道が盛んになった。その傾向は、明治維新期に引きつがれていく。

明治期になると、政府は江戸時代の仏教国教化政策を否定し、神道国教化政策をすすめ、神社から仏教色彩を排除した。

紀元前二一三年に、秦の始皇帝が医薬や農などの実用書以外のものをすべて焼きつくし、数百人の儒者を坑に埋めてころしてしまうという大事件があった。また、八四〇年代、唐の時代に、経典焚焼、仏像破壊、寺院の破壊、僧の殺戮《さつりく》などがおこなわれた会昌の廃仏事件がある。これらに匹敵するような仏教文化の悲劇的な破壊が、明治時代におこなわれたのである。

明治維新期の神仏分離政策により、寺院が神社から独立したり、廃仏毀釈の影響を受けて、廃絶した神宮寺が多かった。ここに、本地垂迹の神仏習合関係は姿を消した。これにともなって、これまで脈々と伝わってきた神事の舞は、消滅の危機にさらされた。

小滝金峰神社と鳥海山は、こうした歴史をたどってきた。八〇〇年代に、怨霊を調伏する天台宗の東北地方への広まりと、鎮魂の国家儀式である舞楽の広まりがあった。一〇〇〇年代になると、修験道が広がり、安定した国家は、その信仰対象を五穀豊穣や延命長久をねがうものにかえていった。小滝金峰神社の神事の舞は、この歴史を反映し二重構造になっている。

第三章　霊を鎮める宮廷儀式の舞楽

一　シルクロードを通ってきた楽や舞

金峰神社の七曲の舞は、舞楽であるといわれる。そこで、チョウクライロの語源を探るためには、舞楽が、どのような舞であるかを明らかにする必要があるであろう。

舞楽は、シルクロードを通って、日本に伝わった。

舞楽は、雅楽（「正統の楽」という意味）の音楽の伴奏で舞う舞のことである。雅楽は、もともと古代インドでうまれて、古代中国で体系づけられた。

春秋時代の孔子（紀元前五五一～四七九）のころには、雅楽の観念がうまれて、礼楽の思想が発達したといわれる。「礼」は、社会の秩序をなす儀礼で、「楽」は、人心を調和する音楽をしめす。このふたつを国家がおこなうことによって、民衆に秩序と調和がうまれるとする思想である。

雅楽は、日本固有の歌曲歌舞と、七世紀のころに、わが国に伝来した唐、高麗などの「鼓笛之楽」を採用し、整備完成した管弦舞曲の総称である。

舞楽は、飛鳥から奈良時代にかけて、古代朝鮮半島の三国や中国大陸から、シルクロードの南北のルートで、仏教とともに伝えられ、日本で大成した儀式である。
内容は、舞踏と雅楽によって構成される。その起源は、シルクロードともつながり、古代インドに端を発し、アジア全域にわたっている。

仏教の伝来は、欽明天皇の五三八年ころとされる。仏教を広めるために力をつくした厩戸皇子《うまやどのおうじ》（聖徳太子）は、仏を供養するには、いろいろの蕃楽《ばんがく》を奏することがもっともよいとして、その育成につとめた。当時、舞楽は、仏教と不離一体のものであった。

蕃楽とは、今の唐楽である。当時は、外来の音楽や舞を習う者がすくなかった。厩戸皇子は、大阪の四天王寺に、楽所《がくそ》をつくり、楽人を世襲の家業にして、租税を免除するなどして優遇し、これを奨励した。法隆寺や四天王寺に舞楽がのこっているのは、こうした背景にもとづくものである。そして、『法華経』を根本教義とする法隆寺、四天王寺など天台系の寺院に舞楽がのこるのも、おなじ理由からである。

大陸から楽舞が伝えられた法隆寺

舞楽の種類は、大きくつぎのように分けられる。

① 大陸系の楽舞

これは、五世紀から九世紀までの間に、大陸から伝わった楽舞をもとに日本でつくられた、天竺（インド）と林邑系（ベトナム）、中国系の「唐楽」と朝鮮系、渤海系の「麗楽」の楽舞である。

② 国風歌舞《くにぶりのうたまい》

これは、日本古来の原始歌謡をもとに平安期に完成された、神道や皇室に深いかかわりをもつ歌舞である。

③　平安時代につくられた歌曲

大陸系の楽舞や国風歌舞のほかに、催馬楽《さいばら》や今様《いまよう》、朗詠《ろうえい》などがある。これらは、日本古来の民詩や漢詩に節づけをして、大陸からの渡来楽器による伴奏をともなう歌曲で、平安期につくられた。

つぎに、舞楽の内容はつぎのとおりである。

舞楽で舞を舞う人を「舞人《まいにん》」とよび、演奏する人を、「管方《かんがた》」とよぶ。舞楽の演目は、おもに大陸から伝来した唐楽の「左舞《さのまい》」と、朝鮮半島から伝来した、朝鮮系・渤海系の「右舞《うのまい》」に大きく分類される。左舞では「唐楽」をもちいて、右舞では「高麗楽」をもちいる。

唐楽の曲目には、春鶯囀《しゅんおうてん》、陵王《りょうおう》、迦陵頻《かりょうびん》、蘇合香《そこう》、三台塩《さんだいえん》、散手《さんじゅ》、太平楽《たいへいらく》、安摩《あま》、二の舞《にのまい》、還城楽《げんじょうらく》、抜頭《ばとう》、蘇莫《そまく》者《しゃ》、越天楽《えてんらく》など六〇ほどの曲がある。

朝鮮・渤海から伝来した、朝鮮系、渤海系の右舞の曲目には、胡蝶《こちょう》、地久《ちきゅう》、納曽利《なそり》、綾切《あやぎり》、皇仁庭《こうにんてい》、貴徳《きとく》、新靺鞨《しんまっかつ》、八仙《はっせん》、胡徳楽《ことくらく》など二四ほどの曲目がある。

「国風舞」には、神楽歌・東遊《あずまあそび》・大和歌・久米歌・誄歌《るいか》、大歌がある。

舞楽がおこなわれるときに、それぞれの舞にあわせた曲があり、演奏と同時に、舞は舞われる。

演奏される雅楽には、表1のように、決められた音階がある。

左舞（唐楽）は、原則としてべに花などで染色したあざやかな朱色系統の装束を身につける。舞人は、舞台からむかって左側からすすみ舞台にのぼる。舞がおわると、ふたたび左側に退場する。伴奏は、三管三鼓の楽器編成で演奏する。篳篥《ひちりき》と龍笛《りゅうてき》の音にあわせて舞を舞う。

表１　雅楽の音階

唐楽と高麗楽の調子（音階）表記

【唐楽の調子】

壱越調（いちこつちょう）平　調（ひょうじょう）
双　調（そうじょう）　黄鐘調（おうしきちょう）
盤渉調（ばんしきちょう）
大食調（たいしきちょう）→壱越調の変化形

【高麗楽の調子】

高麗壱越調（こまいちこつちょう）
高麗平調（こまひょうじょう）
高麗双調（こまそうじょう）

ピアノの音階に想定した雅楽の12律（音階）

平城宮朱雀門前での伎楽（朱雀門説明板より）

右舞（高麗楽）は、原則として緑色系統の装束を身につける。舞人は、舞台から、むかって右側からすすみ、舞台にのぼる。舞が終わると、ふたたび右側に退場する。伴奏は、龍笛のかわりに高麗笛を使用する。鞨鼓にかわって三の鼓をもちいる。舞人は、三の鼓と太鼓のリズムにあわせて舞を舞う。

舞楽では、これら左右の舞を前後に組みあわせて舞う。これを番舞《つがいまい》という。舞楽の装束は、多くの舞に共通の束帯装束《そくたいしょうぞく》か、ある舞に特定の別装束を着て、面ある舞は、人獣鳥面などの木彫彩色の舞楽面をつけて、一、二、四、六人などで舞台上で舞う。多くは物語主題をもつが、演劇風より舞踊の形式美を主としている。舞楽面も伎楽面とくらべて写実味より図案要素がつよいといわれる。

伎楽は、演技をともなう楽舞の総称である。呉楽ともいう。狭い意味では、飛鳥時代に百済を経由して、日本に伝わった呉楽にもとづく演劇的な楽舞である。仏会に寺の広場で、笛、鉦、腰太鼓などにあわせて演じた仮面劇である。伎楽は獅子舞や迦楼羅《かるら》、金剛、婆羅門《ばらもん》、力士、武徳楽《ぶとくらく》、呉公などの曲で知られ、奈良時代に全盛をきわめた。これが、平安時代に舞楽がさかえると寺院楽の地位をゆずり、衰退した。しかし、その一部は舞楽に吸収され、また、各地の楽舞におもかげを残した。伎楽面は、正倉院の一六四面ほか遺品が多い。

舞楽が成立した当初は、寺院に旧来の大陸的な伎楽と、宮廷にあたらしく国風化した舞楽が両立していた。しかし、しだいに伎楽を吸収した舞楽が宮廷社寺において広くおこなわれ、世襲楽家のほかに、貴族の子弟も学びきそい、一〇世紀前半（延喜・天暦）にさかんにおこなわれた。その後、時代の変遷のなかで生きつづけ、現在は、法隆寺、四天王寺、春日神社、奈良の氷室神社、熱田神社、厳島神社、宮内庁楽部などで継承されている。そして、舞楽は、当時の政治状況を背景にして、地方にも伝わった。

今も全国において、舞楽を散見することができる。

四天王寺から山寺立石寺に伝えられた林家舞楽《はやしけぶがく》は、四天王寺の舞人であった林家《はやしけ》が出羽国に移り、舞楽を伝えたものである。林家舞楽は、楽制改革の波にさらされなかったことから、平安時代初期の正統な舞楽のすがたをそのままに、一子相伝で伝えている。その内容は、きわめて貴重な舞楽として、国の重要文化財として指定され、林家によって、べに花の里として知られる山形県河北町の谷地《やち》八幡宮《はちまんぐう》や、寒河江《さがえ》市の慈恩寺の例大祭で、舞楽は、今も奉奏されている。

大阪四天王寺六時堂前にある舞楽の石舞台

地方には、国家組織の中で、朝廷と深いつながりをもった寺社を中心に、舞楽が伝えられた。とくに、法隆寺や四天王寺を根源とする天台宗寺院に、舞楽が多くのこされている。

岩手県二戸市浄法寺町にある天台寺や、本書の舞台となっている象潟の小滝、立石寺などに舞楽が伝えられた。天台宗の名古刹である立石寺はじめ、舞楽が伝えられている寺社の由緒は、天台僧の円仁とのかかわりが深い。

二　立石寺に伝わった四天王寺舞楽

僧円仁が創建した名刹の宝珠山立石寺は、山寺と呼ばれ名勝地として全国に知られる天台宗の古代寺院である。また、山寺は、松尾芭蕉が「奥の細道」で「閑かさや巌にしみ入る蝉の聲」の句を詠んだ場所としても広く知られている。

立石寺は、宮城県と山形県の中間の脊稜《せきりょう》である奥羽山脈の西麓にあり、山形市と天童市の東部中間地に位置している。半径約十一㎞の立谷川扇状地の扇頂部に、山寺は立地している。山寺周辺の山々は、ほぼ同じ標高三五〇mの等高線上に凝灰岩からなる巌崖がつらなる。立石寺は一大霊地として、現在でも数多くの人々の信仰を集めている。

立石寺は、古代の陸奥国と出羽国に接する交通の要衝にあり、畿内文化を受け入れる出羽国の玄関口としての役割をはたしてきた。

平安時代前期の貞観二年（八六〇）、出羽国の山寺立石寺に、大阪の四天王寺から僧円仁に随従した林越前政照によって舞楽が伝えられたという。

円仁の開山堂。背景は陸奥国との境の山々

立石寺の根本中堂の前には明治前期まで舞楽のための石舞台があった。時代の変遷があり、立石寺では、定期的には、舞楽が奉奏されなくなり、明治時代まであった石舞台も解体されてしまった。石舞台の石材の一部は、現在、根本中堂前の広場の敷石になっている。

四天王寺から伝えられたこの舞楽こそ、一千有余年のあいだ絶えることなく、一子相伝、門外不出の秘曲として、今に受け継がれてきた林家舞楽である。

林家の伝承によると、林家舞楽は大阪の四天王寺（天台宗。戦後、天台宗から和宗）舞楽に由来するという。舞人林家は、もともと、四天王寺舞楽の舞人四家（東儀家《とうぎけ》、薗家《そのけ》、岡家《おかけ》、林家《はやしけ》）の一つであった。そして、林家（林家の林は林邑との関係も連想させる）の祖、林越前政照が、出羽国に、舞楽を伝えた。

それ以来、林家は、山寺日枝神社、寒河江市の山王神社、平塩熊野神社の三か所で舞楽を司り、大永年間（一五二一～一五二七）のころに天童氏の八代天童頼長らが、抗争のなかで山寺立石寺全山焼き討ちをし、ことごとく塵灰となった事件がある。慶安（一六四八～一六五二）のころに、林家舞楽は河北町谷地の八幡神社でも舞われるようになった。

この林家舞楽が定期的に舞われるのは、現在では、慈恩寺と谷地八幡宮である。また、寒河江市平塩では、農民が伝承し、毎年四月三日に平塩熊野神社で、舞楽を奉納している。

現在、私たちは、国の重要文化財に指定されている林家舞楽の正雅な舞を、一年に二度だけ鑑賞することができる。

一つは、寒河江市にある真言宗（元は、天台宗）の名古刹、瑞宝山慈恩寺の舞楽である。林家舞楽が毎年、五月五日（元は五月三日濫觴《らんじょう》会《え》の舞楽）に、一切経会の行事として、慈恩寺本堂前の山門に設えられた舞台で奏される。

四天王寺から立石寺に伝わった林家舞楽

もう一つは、寒河江市と隣接する河北町にあり、林氏が宮司を務める谷地八幡宮での舞楽である。毎年九月一四日、一五日の八幡宮の秋の礼大祭の時に、神社の本殿にむかって、石舞台で舞楽が奏されている。

三　古代の舞を今に伝える林家舞楽

林家の舞楽では、現在、十番の舞が舞われている。林家の当主である林重見氏は、円仁に随従してきたという林家の祖林越前政照から数えて、七九代目にあたる。門外不出、一子相伝により、平安時代から今に引き継がれ、現在、林氏が奉奏している舞楽の内容は、つぎに述べる十番である。

林家舞楽は、円仁の時代に、四天王寺から出羽国にもたらされた。チョウクライロもやはり、僧円仁によってはじめられた舞楽である。

チョウクライロが舞楽であるか否か、また、舞の意図などを検証するために、平安時代当初のすがたをよく伝えている林家舞楽を中心にして、『雅楽鑑賞』（押田良久著・東京文憲堂刊）と林家の舞楽解説資料を参考にしながら、舞楽の曲目の概略をみてみよう。

（一）燕　歩　第一番

燕歩《えんぶ》は、中国系の舞楽で、伴奏は、龍笛・太鼓・鞨鼓である。振鉾・厭舞・振舞とも書くまじないの舞である。

周（今の中国西安市西南）は、武王が、殷の紂王を滅ぼして建てた国である。燕歩は、紀元前一一〇〇年頃の武王が、商郊の郊外で中国の天子が、征伐にもちいた飾りのついたまさかりを左手にし、右手に白い牛の毛を棹の先につけた指揮官の旗をもって、天下を平定したことを誓ったさまをあらわした舞であるという。燕歩は、天の神、地の神、先祖をまつって舞台を清める舞である。

舞楽が演じられるはじめに、左右の楽舎から一人ずつ舞人がでて舞い、最後に左右の舞人が同時に舞う。方片袒《かたかたぬぎ》して襲装束を着た左方の舞人一人が鉾を手にして、舞台に上がり鉾を振り回して舞台を清めて舞う。これを一節という。つぎに右方の舞人が右方の舞の作法でおなじように舞うのを二節、最後に左右の舞人が、二人同時に舞うのを三節または合鉾という。

林家に伝わる舞は、一人舞で二人分を兼ねている。三節では、二本の鉾をあわせもって舞う。素面に鳥甲《とりかぶと》をつけ、襲装束に帯刀し、右肩を脱いで舞っている。最初は天神に供し、つぎに地祇に祈り、最後には、祖先の神霊を慰めて口中で頌文を唱えて終わるのが振鉾であるが、林家の燕歩では、頌文はない。

燕歩《えんぶ》は、振り鉾の舞で、儀式をはじめる前の儀礼的な祓《はら》いの舞である。南都方笛楽人狛近真《こまちかざね》が、天福元年（一二三三）にあらわした『教訓抄』では、「振鉾様《ふりほこよう》」と名づけている。

「燕歩」の文字の由来は、舞でもちいる鉾につけた幢が、燕の飛ぶすがたのように見えるが、これが語源であろうか。サンスクリット語のjambu（ジャンブー）の音訳ではないだろうか。ジャンブーは、「閻浮（えんぶ）」と漢訳されるもので、須弥山《しゅみせん》の南に位置する、四大国の一つのインドの国名である。四大国の内で、この国だけに諸仏があらわれてその法楽をうけられるという。

儀式初めの祓いの舞である燕歩

釈尊降誕の時に、師子屋王《ししゃおう》のつくった舞であるというように、仏教を崇拝する立場から、この国名が、語源になっていることが考えられる。

燕歩の舞は、天の神、地の神、先祖をまつって舞台を清める舞であるという。では、天の神や地の神とは何か。

日本の古代の人々にとっては、さきの読めない自然のふるまいはつねに脅威であった。とくに平安時代初期に、旱ばつ、飢饉、悪疫流行、大雨、洪水、地震、火山の噴火などの天変地異がつづいた。

人々は、その脅威の力をふるうのは、怨霊のしわざであると考え、「御霊会《ごりょうえ》」などの霊を鎮める儀式がうみだされた。平安時代の桓武天皇の時期にひろまった「御霊（怨霊＝おんりょう＝御霊）」思想について、吉野裕子氏は、「御霊会と陰陽五行」という論文のなかで、つぎのように述べている。

〈桓武天皇の時代、天皇が悽愴な近親相剋、権力闘争、権謀術数によって死に至らしめられた皇室関係の怨霊、あるいは抹殺された政敵の怨霊が、浮遊し都にやってくる。これは都に入れてはならない邪霊であり、「御霊会」という名の祭りは、怨霊を慰めると言う甘やかしではなく、むしろ怨霊撃攘、邪霊剋殺の祭りの一つではなかったろうか。〉という内容である。

この時期に、国内外の楽と舞を集大成して、畿内七道諸国で舞楽が奏されるのも、吉野氏が指摘するように、舞楽が甘い儀式としての祭りというより、より切実な、怨霊撃攘、邪霊剋殺の祈りであったと考えられる。やはり、燕歩は、天地四方を清めはらい、怨霊撃攘、邪霊剋殺のいのりをはじめるための舞と考えられる。

燕歩の舞は、天神に供し、地祇をまつったものという。四天王寺の年中行事で、一月一一日に金堂で、斧をもって四方を拝する手斧始式をおこなっている。この斧も、きっと、怨霊撃攘、邪霊剋殺の重要な道具なのであろう。

（二）三台塩　第二番

三台塩《さんだいえん》は、唐楽で平調《ひょうじょう》、急、中曲の新楽である。天寿楽ともいう。

舞人四人。唐の則天武后（在位六九〇〜七〇四）の作といわれる。

張文成が『遊仙窟』という恋愛小説を書き武后に捧げたところ、后は大いに喜び、その本の内容を曲にあらわしたという。犬上是成という人物がわが国に伝えたといわれる。

林家の三台塩は、蛮絵《ばんえ》に下襲《したかさね》、上の袴という装束に巻纓《まきえい》の冠に、山吹を頭挿花《かざし》にしての一人舞である。

「三台塩」とは、どのような意味を持つのだろうか。三台は、後宮の閣殿のことである。舞は、反閇《へんばい》のようすを表現したもののようにも見える。反閇はもともと道教に淵源を発する歩行呪術である。相撲で四股を踏むのも、地の神を鎮めるための呪術的行為である。反閇は、左右の足の運び方によって、悪星を踏み破って、吉意をよびこむもので、陰陽道独特の星辰信仰のうえに立脚した呪法である。

天台寺門宗の総本山・園城寺には、御修法《みしほ》とよばれる「尊星五供」という密教修法があり、この反閇が見える。また、平泉、中尊寺の密教呪法のなかでも、反閇の記録がみえる。

『教訓抄』では、唐の則天武后がつくったもので、「唐ノ張文成ト云イロコノム男アリケリ。イカガシタマヒタリケン、アイ給ニケリ。（中略）心ノナグサメガタサニ、彼ノ妃ノ作リ給ヘリ」と述べている。そして、犬上是成という人物がわが国に伝えたと記している。

則天武后作といわれる三台塩

（三）散　手　第三番

散手《さんじゅ》は、唐楽で太食調《たいしきちょう》の中曲で、新楽である。散手破陣楽、主皇破陣楽ともいう。散手は、序と破からなる代表的な走り舞である。舞人一人の武舞である。

林家では、林邑系（天竺系）の走りものとする。

内容は、釈迦がうまれた時に、師子屋王が、この曲を作ったとする説と、神功皇后が朝鮮を攻めたとき、奈良の率川《いさかわ》明神が船の舳先にあらわれて将兵を指揮したさまを舞にした、とする説がある。

鳥甲《とりかぶと》をかぶり、威厳のある鼻の高い面をつけ、毛べりの裲襠装束《りょうとうしょうぞく》を着けて、

奈良市内に鎮座する率川神社

地を鎮める舞の散手

太刀を佩《は》き、鉾をもって舞う。襲《かさね》装束《しょうぞく》を着た二人の従者、番子《ばんこ》をしたがえ一人は鉾をもって、舞の前に舞台の下で舞人にわたす。ほかの一人は、舞おわってからこれをうけとる。

林家舞楽では、「神功皇后説のほか、猿田彦命が天孫の道案内をしたときのすがたであるという説があること、さらに、林邑系の一つの舞で、釈尊降誕の時に、師子屋王のつくった舞であるというのが定説である。」としている。

「散手」という言葉の意味も不明である。『教訓抄』では、「釈迦生誕の時、師子屋王がこの曲を作り之を舞う」、また、「率川《いさかわ》明神が新羅軍を平定し、喜ぶさまをあらわした舞である」、さらに、「或書では、多奏二此曲一。地鎮故云々。」と述べて、地の神を鎮める舞である、といっている。

ここで、注目したいことは、「破陣楽《はじんらく》」という言葉である。散手破陣楽、主皇破陣楽というように、敵をやぶり、その陣地に入城する舞ということであろうか。

たたかいにかかわる意味をもっていることは、太刀を佩き、鉾をもって舞うところからもうかがえる。

現在、方々の神社で祭礼がおこなわれるが、神となった霊を乗せた御輿を、一枚歯の下駄を履いた天狗が先導するものが、よく見受けられる。行列の前を行く天狗である。

天狗は裲襠装束を着け、鳥甲《とりかぶと》をかぶり、鼻が高い赤い面をつけている。

これは、散手が原型になっているものと考えられる。そのように考えると、散手は、霊を鎮めるための先導する役割を意味する舞かもしれない。それは、『教訓抄』に「地鎮故云々」とあるところからもうかがえる。

鴻門の会を模したとされる武舞太平楽

（四）太平楽　第四番

太平楽《たいへいらく》は、唐楽で、太食調《たいしきちょう》の中曲である。道行は「朝小子」、破は「武昌楽」、急は「合歓塩」。新楽で構成される有名な舞人四人の武舞である。五破陣楽、武昌破陣楽、武将破陣楽、項荘鴻門曲、五万獅子舞、城舞ともいう。五破陣楽の一つである。

中国風の鎧《よろい》、肩喰《かたくい》、帯喰《おびくい》（帯につける鬼の面）、籠手《こて》、脛当《すねあて》、太刀《たち》、左わき下にかざる魚袋《ぎょたい》、胡ぐい《やなぐい》（矢を入れる道具）、兜《かぶと》で身をかため、鉾をもって舞う典型的な武舞である。しかし、胡ぐいに納めている矢は、すぐに実戦には使えないように、矢尻の方を上にして平和のシンボルとしている。

林家の太平楽では、武将破陣楽とよび、楚の項荘、項伯の両人が、鴻門の会に剣舞したさまを模したもの、と伝えられる。林家の舞楽では、古来閏年だけに奏したというが、現在は毎年舞われている。

甲冑に身をかため、最初に一人が鉾をもって舞う。それが終わると、つづく三人と共に剣印で舞う。そのあと、四人がことごとく太刀をあわせて舞う。最後の引き込みは、一列になって退場する。

「太平楽」は、鴻門の会に剣舞したさまを模したものというが、たしかに、舞の内容は、ただ単純にたたかいを表現するというより、たたかいを劇化した舞のように見える。このほかに、敵を平定しての勝ちどきのような舞にも見える。さらに、剣をもつ手と、印を結ぶ手で舞うところから、相手を倒す呪力を示しているような舞である。呪力により敵を斬り倒し、敵地を平定したという意味合いをもった舞のように見える。

(五) 案摩―喜禄― 第五番

案摩《あま》は、唐楽で壱越調《いちこつちょう》、中曲の古楽である。陰陽地鎮曲ともいう。

この曲は、もともと林邑の八楽の一つとして仏哲によって伝えられたが、仁明天皇の時に、勅によって大戸清上が八二九～八三〇年に改作したものである。

舞人が、巻纓《まきえい》の冠に蔵面《ぞうめん》をつけ、襲装束《かさねしょうぞく》の両肩を脱ぐ(諸方袒《もろかたぬぎ》)のすがたで笏をもって舞う。囀《さえずり》のことばが『楽家録』にでているが、今はもちいていないという。

曲は壱越調の調子を笙《しょう》は三句、篳篥《ひちりき》は一句、龍笛は音取《ねと》りののち、唐楽であるが、笙と篳篥はもちいないで龍笛と鞨鼓、太鼓、鉦鼓だけで伴奏する。乱序、囀(無音)、当曲、案摩乱声《あまらんじょう》で「二の舞」につづく。「二の舞」と対で舞うが、左右の番舞ではない。

林家舞楽では、沙陀調(現在では壱越調)林邑楽で一人舞であるとしている。

林家では、いつのころからかこの舞を「喜禄《きろく》」とよんでいる。この舞では、抽象化された蔵面という四角い布の奇面をつける。インド神話の地祇、土神が酔狂の態を模したとなっているが、高楠順次郎博士は、シバとドルガーの両神が悪魔を足下に屈伏させる陰陽地鎮曲であるという、と紹介している。

案摩は、『教訓抄』では、「承和の御門の時、大戸清上が之を作る。之所謂陰陽地鎮曲」と述べられており、陰陽地鎮曲としている。

第一番の燕歩は、怨霊撃攘、邪霊剋殺の祈りをはじめるための舞であることをみたが、案摩の舞は、陰陽地鎮曲であることから、陰陽道《おんみょうどう》とも関連し、霊を鎮める舞であることがうかがえる。

古代中国では、神々を含む森羅万象が、二元論である陰陽五行によって説明でき、さらに、その意味・働きで未来まで読むことができると考えた。

陰陽地鎮曲である案摩は蔵面をつける

抽象的な表現の案摩の造面（熱田神社蔵）

この思想が朝鮮半島を経由して、六世紀に日本に入った。日本では朝廷がいち早くこれを取り入れたが、仏教や道教とともに流入したこともあり、占術、呪術方面での活用が主になった。

陰陽道では凶方を避け克服する方忌みや、方違《かたたが》えなどの方位術、凶兆や魔性を避ける物忌み・祓いなどの呪術、占星・方位・悪霊による災いを除去するための符呪、反閇などがおこなわれる。

京都御所の北東の角を取り鬼門封じをしている猿ヶ辻

地鎮のためには、とくに反閇などがおこなわれるが、案摩も怨霊撃攘、邪霊剋殺の祈りの舞であろう。

陰陽道では、鬼門を忌み嫌う。これは、古代中国の書『山海経《せんがいきょう》』にある内容がもととなっている。北西（乾）「天門」、南西（坤）を「人門」、南東（巽）を「風門」、北東（艮）を「鬼門」としたことによる。

平安京の鬼門を護る寺として、比叡山延暦寺が創建された。そもそも、平安京の都そのものが、陰陽道の思想につつまれている。

したがって、霊を鎮める儀式である宮中行事の舞楽が、その思想性を根底にもつことは容易に想像できる。

（六）二の舞　第六番

二の舞は唐楽で、壱越調《いちこつちょう》、中曲の古楽である。案摩にひきつづき舞う。

これは、林邑の八楽の一つである。舞人は二人で、「案摩」を舞っているうちに、「二の舞」の舞人は舞台の下に出てその舞を見ている。「案摩」の舞人が舞台をおりて、「二の舞」の舞人とすれ違うとき、手にしている笏をくれ、と手振りをするが渡さない。

老爺の笑った面（咲面《えみおもて》）と、老婆の腫れた面（腫《はれ》面）をつけた二人は、腰に鳥甲を下げ、笹の葉を腰にはさんで舞台にあがり、「案摩」の舞人をまねて舞うが、似ても似つかない舞になってしまう。同じ失敗をすることを「二の舞」を踏むというが、これが語源である。

面に牟子《むし》をかぶり、襲装束のうち、袍と踏掛けをもちいない。「案摩」のつづきの乱声が終わると詠、囀、笛と打楽器だけの曲になる。

林家舞楽では、この舞を林邑楽の走りもの、としている。男は咲面（えみおもて、またはわらい面）をつけ、女は醜い面（腫面、または、しこ面）をつける。

翁は案摩の舞振りをまねて舞う。天竺地方の土民老夫婦が案摩をまねて舞ったとしている。

「二の舞」は、案摩をまねて舞った舞というが、年寄りの夫婦が、怨霊撃攘、邪霊剋殺の祈りをして失敗するのだろうか。翁は咲面をつけ、媼は醜面をつける。醜面の老女は盲目で、咲面の老爺に引かれている。二人はいろいろな所作をするが、なにを伝えようとしているかは不明である。

咲面の翁と腫面の媼の所作が続く二の舞

不思議な舞である。

笑う＝咲くという行為は、神懸かりした状態をしめすが、怨霊撃攘、邪霊剋殺の祈りとこれらの面がどのようにかかわりあうのか。神が邪霊にとりつかれた人間を救うのだろうか。

『教訓抄』では、二の舞について、「これ、地祇土神、酔狂に入り舞を奏でる姿也。すなわち、これを陰陽地鎮曲と謂う」とあきらかに述べている。

『和名類聚鈔』の音楽部・曲調類に舞楽の舞の名を列記している。しかし、この「二の舞」そのものは、掲載されていない。『和名類聚鈔』によれば、鬼魅類で「醜女は、黄泉の国に住む鬼」といっている。老爺と老女は、生ける者と死せる者を表現しているのだろうか。

舞台の蛇を持って舞う還城楽。
熱田神社蔵の還城楽面

（七）還城楽　第七番

還城楽《げんじょうらく》は唐楽で、太食調《たいしきちょう》、中曲の古楽である。見蛇楽、還京楽ともいう。これは、舞人一人の舞である。走りものに属する。

この舞には、左方の舞と右方の舞の二とおりの舞がある。右方で舞うときは、夜多羅拍子《やたらひょうし》で舞う。舞台の中央には、鎌首をもち上げた朱紐の蛇を置く。

ほおとあごの動く面をつけ、毛べりの裲襠《りょうとう》を着る。獰猛な面をつけ、桴《ばち》をもち、朱紐の蛇のまわりを喜びおどり、あとに蛇をもって舞う。

この舞は、中国の西方に住む胡人が蛇を好物として食べたので、蛇を見つけて喜ぶありさまを舞にしたという説がある。

また、別の説では、唐の後の玄宗が、兵を挙げ専横的な伯母韋后を誅して京師に還ってつくった凱旋曲ともいわれる。

玄宗の死後、宗廟で奏すると玄宗の霊魂が蛇となって現れて、喜んだという。この内容をあらわす舞ともいわれる。死者の霊魂は、蛇になったり、龍になったりするモチーフがみられる。舞人はこれを見つけて飛びあがって喜ぶ。やがて、その蛇を左手にとりあげて当曲を舞う。

林家舞楽では、太食調、林邑楽の走りものとしている。林家では、童舞である。童舞なので面はなく、美しく可憐に舞う。舞の動作は、大人のものと同様である。

還城楽《げんじょうらく》は、第八番の抜頭《ばとう》との番舞《つがいまい》である。

『リグ・ヴェーダ』には、ペードゥ王の駿馬がカサルニーラという蛇を殺し、蛇を追い払い、猛蛇を退治する、さらに、天主インドラと協力し、蛇族を抹殺する内容の歌がある（「秡頭王《ばとうおう》の歌」）。玄宗の死後、宗廟で奏すると玄宗の霊魂が蛇となってあらわれ、喜んださまをあらわす舞であるともいう。

これは、インドからシルクロードを伝わり、中国に舞が伝わる過程で、べつの意味が付加されたものであると、私は考える。両者の蛇というモチーフと、喜ぶというモチーフは共通性をもっている。

「霊魂が蛇となって現れ、喜ぶ」という内容は、あとに述べる古代インド仏教戯曲の「龍王の喜び」の内容と重複するような内容である。

『教訓抄』では、還城楽は、右舞人大神晴遠の家の相伝の秘曲で、晴遠が逝去して七日目に生き返り、閻魔大王と対話をし、「自分は死期を知らなかったので、舞を伝えられなかった」といい、三日間の暇をもらい、自分の子に舞を伝えるエピソードを記述している。死に、そして再生する内容は、玄宗の説話、さらに、「龍王の喜び」の内容と共通している。

（八）抜　頭　第八番

抜頭《ばとう》は唐楽で、太食調《たいしきちょう》の古楽である。抜頭は、髪頭、撥頭ともかき、宗妃楽ともいい、もと乞食調で、林邑楽の一つであった。

舞人は一人で走りものの舞である。舞楽の時は只拍子で舞う左方の舞と、夜多羅拍子で舞う右方の舞がある。

林家舞楽においては、太食調（または乞食調）、林邑楽一人の走りものとしている。童舞なので面はなく、美しく、

林家所蔵の貴徳面（左）と抜頭面（右）

華麗に舞う。

抜頭は、西方の野蛮人が、父が猛獣にかみ殺されたので、山にわけ入って、その獣を殺し、父の仇を討ち、喜んで山路をかけくだるさまを舞にしたものともいう。

四天王寺の楽家に伝わる舞であったが、絶えてしまったので、厳島神社の楽人の棚守元貞が岡昌稠に寛政八年（一七九六）に再び伝えかえしたという。

長髪が前に垂れさがった赤い憤怒の面をつけ、髪をふり乱して、眉をつりあげた赤い面をつけ、毛べりの裲襠を着て、桴をもち、飛躍するようにして舞う。ヴェーダ神話にある殺蛇の白馬、ペトウを象ったものであるという。

抜頭の語源はサンスクリット語である。「ペードゥ王の馬」の義である。『印度古聖歌』で高楠順次郎氏は、つぎのように述べている。

> 国王で仙人でもあるペードゥ王が悪罵で蛇害に苦しめられているのをみた司馬雙神アシュウィンは、王に白馬を与えた。白馬は千金の富をもたらし、悪龍を殺す能力があり、また、戦いで勝利をもたらし、天上に昇る資質をもっているという駿馬であった。この馬を名づけてパイドゥといった。
>
> 以上は『リグ・ヴェーダ』に述べてある。

このように、抜頭の語源は、ペードゥ王とシバ天から与えられた駿馬に関する、と述べている（『印度古聖歌』第七篇秡頭舞に関する讃歌総説）。

また、高楠氏は、つぎのように述べている。

「（抜頭舞は）吠陀（ヴェーダ）時代のベードゥ王の神話を音楽化したもので、純印度の舞楽なり」、「秡頭舞人の被髪は、馬の髭髪に形り、素衣は馬の白色を表し、作啼は馬の嘶きを示したるものなり。手に執れる桴黒色六寸は、蛇を打つ棍棒又は、挂杖を表し、終始格闘の風を作すは蛇に対する奮迅の状を示すものならん。」、「秡頭の名は『撥頭』『鉢頭』と書し、我国の楽譜には時に『髪頭』『馬頭』とも書す。これらの文字に依るもその音訳たるは、一見明了なるも髪・馬など駿馬に縁める文字を用ゐしは或は古傳の正意を傳へんとせしものならんか。」

シバ神は、インド教の三主神の一つで、ルドラの異名をもつ。破壊の恐怖と万病をすくう恩恵の両極をかねてもつ神である。これは、インドのモンスーンの疾風と驟雨の凄惨さと、それが通過したあとの万物蘇生の爽快さの象徴であるといわれる。

ブラフマー（梵天）が宇宙を創造し、ヴィシュヌ神がそれの維持をつかさどり、シバ神が破壊を担当するという三神一体の教義があるが、その一役をになうのがシバ神である。そのシバ神があたえた駿馬で、ペードゥ王は、悪龍を殺し、たたかいで勝利するのである。

このことから、抜頭の舞は、悪龍を殺し、たたかいで勝利し敵を平定して安寧をもたらすための意味をもつ舞である、と考えられよう。

（九）龍王または蘭陵王　第九番

龍王（羅龍王）または蘭陵王は唐楽で、壱越調《いちこつちょう》の古楽である。没日還午楽《ぼつじつかんごらく》ともいう。

この曲は、もとは沙陀調であった。林邑の八楽のひとつで、舞人一人の走りものである。

金色の大型の面をつけ、毛べりの裲襠装束《りょうとうしょうぞく》を着て、右手に金色の桴《ばち》をもって勇壮に舞う。舞楽のうちで最も軽快

帝の命により服毒死で世を去った蘭陵王の舞

華麗なものである。番舞《つがいまい》は「納曽利《なそり》」である。

林家舞楽では、壱越調（昔は沙陀調）、林邑系、一人舞の走り物としている。インドの戒日王《かいにちおう》の作「龍王の喜び」という古代インド歌劇の一節をとった沙伽羅龍王《さがらりゅうおう》の舞であるとし、よく舞台をはすかいに飛躍する勇壮な舞である。金龍を頭の上にのせ、顎のたれさがった面をつけて舞っている。

「羅龍王」または蘭陵王について、ほとんどの解釈がつぎのようになっている。

中国の北斉（三三〇年頃）の蘭陵の王である長恭（?～五七八）は、顔が美しい将軍であった。

このため、戦場にでるときは、味方の軍の士気があがらないので、いつも獰猛な仮面をかぶって指揮をとって勝っていた。あるとき、周の大軍を金庸城の敵の中に深く攻め入って破った。このとき、将兵たちが蘭陵王入陣曲をつくって歌い、敵をうち破るさまを舞にしたというのである。

しかし、この舞にはもっと深い意味があることを、第一章でのべた。

『教訓抄』では、上記のほかに、奇妙な由来説を述べている。

中国に一人の王がいて、隣国の王と争ったが、その王は死んでしまった。その子が即位してたたかいつづけ、先代の陵墓にむかって嘆いた。すると、墓内から声が聞こえ、雷電して、子の王に「汝なげくことなかれ」といって、日暮れになったところを、亡き父の王が、神魂を飛ばして、太陽と蒼天をよび、相手を倒した。世はこぞって歌舞したことから、これを「没日還午楽」と名づけたという。死の魂神が鬼であり、「日隠れ」で、その霊を招くのだろう。新潟県糸魚川市の能生白山神社の舞楽では、真紅の衣装を身につけ、日本海の水平線にまさに太陽が沈もうとするとき、この陵王の舞が、夕暮れの太陽に向かって舞われる。「没日還午楽」の意味を、この舞は伝えていると考えられる。亡き父の王の霊を招くのだろう。

「没日還午楽」から考えても、陵王の舞は、まさに、霊魂の物語である。

この舞は、もともとインドで発生し、中国を経由する過程で、蘭陵の王である高長恭の説話などが後に加えられたと思う。羅龍王の舞は、沙伽羅龍王《しゃがら》（サンスクリット語 Sāgara）の舞であって、伝播するなかで蘭陵王長恭にかかわる悲劇が、重ねられたと考えられるのである。

沙伽羅龍王の舞は、その原典が古代仏教戯曲の「龍王の喜び」にもとめられる。「龍王の喜び」は五幕からなる仏教戯曲である。一幕、二幕、三幕と王と王女の恋物語が続き、四幕で、身がわりになって自己犠牲の捨身により、王が死に、五幕において王が再生する物語である。そして、再生した王は、世界に平和をもたらすという内容である。

（一〇）納曽利　第十番

納曽利《なそり》は高麗楽で、壱越調《いちこつちょう》の新楽である。双龍の舞ともいう。舞人は一人のものと二人のものがある。一人で舞うときは、落蹲《らくそん》という。しかし、奈良楽人の間では、一人舞いを納曽利といい、二人舞を落蹲といっている。春日神社と四天王寺では、一人舞で納曽利といっている。また、四天王寺楽人は、舞のなかばで、蹲踞《そんきょ》することがあるので、落蹲というと伝えられる。

陵王の番舞である納曽利は、走りものの舞である。全体に緑色の配色の毛べりの裲襠装束を着て、銀色の目と牙、つりあごの面をつけて、右手に銀色の桴を持って、二匹の龍が遊び戯れるように舞う。

林家の舞楽では、長い牙のある黒い恐ろしい面をつけ、桴をもって舞う一人舞である。

納曽利は、羅龍王の番舞である。雌雄の龍が遊び戯れるさまを表した走り舞であるという。『教訓抄』では、この舞の由来については言及していない。羅龍王の答舞であることから推察すると、雌雄の龍は、「龍王の喜び」の摩羅耶姫と雲乗太子（雲に乗る龍太子？）が遊び戯れるのだろうか。また、皇帝から一〇人の美女を賜ったとき、一人だけ選び、一生妻を愛しつづけ、憤死した蘭陵王の高長恭が、夫婦で楽しく舞う舞であろうか。私には、この舞は、龍と化した魂魄が狂乱の末、苦しみを解脱する舞のように思えてならない。

龍が遊び戯れるさまを表すという納曽利

以上一〇曲の舞の意味をまとめると、つぎのようになる。

「燕歩」は、天の神、地の神、先祖をまつって舞台を清める舞である。
「三台塩」は、反閇などの地の神を鎮める呪術的行為の舞である。
「散手」は、敵を破りその陣地に入城する舞であり、地鎮の舞である。
「太平楽」は、敵地を平定したという意味合いをもった舞である。
「案摩」は、陰陽地鎮曲である。

「二の舞」は、地祇土神、酔狂に入り舞を奏でるすがたで、陰陽地鎮曲である。
「還城楽」は、凱旋曲。そして、霊魂が喜ぶ舞である。
「抜頭」は、悪龍を殺し戦いで勝利し敵を平定して安寧をもたらす舞である。
「羅龍王」は主人公の王が非業の死、あるいは捨身によって死ぬが、仏の力で再生する舞である。
「納曽利」は「羅龍王」と同じで、霊魂が龍となって、解脱し、楽しげに舞う舞である。

これらの大きなテーマは、敵をうち破り、霊となる天地の神を鎮める儀式である。敵とたたかい平定し、天地の神や、非業の死を遂げた者の怨霊を呪力により鎮め神とし、平和と安寧をもたらすこと。捨身により死ぬが、再生するものであること。怨霊退散、悪疫退散による国家安泰、五穀豊穣、息災延命。国富み民安かれとの願いを込めた平定統治を仏法の力でおこなうこと。これらが主なテーマとなっている。

出羽国の立石寺、象潟の小滝龍山寺、二戸の天台寺は、もともと、蝦夷（太平洋側の現地民）、あるいは、蝦狄（日本海側の現地民）が居住する地域であった。

しかし、この地は、奈良時代、大和朝廷の律令による中央集権国家づくりの一環として、朝廷軍によって、征討・平定された地域である。現地では多くの犠牲者を出した。討ち滅ぼされた蝦夷・蝦狄たちの怨霊がなすたたりを、大和朝廷は、鎮める必要があった。

霊を鎮め、国家を安寧にしたい。それを実現するための宮廷の儀式が、舞楽だったのであろう。天と地の神に捧げる国家的儀式が舞楽であった。舞楽は、霊を鎮め、鎮護国家の願いを実現するために、国家の正式な儀式としておこなわれたものである。

チョウクライロの舞には、舞楽の流れを受け継いだ太平楽や、二の舞、閻浮の舞がある。小滝金峰神社の神事の舞には、シルクロードを通ってきた楽舞の血が流れて脈打っている。そして、これらの舞の深層には、中華思想をもって中央集権国家づくりをすすめた、古代大和朝廷の夷狄政策の思想が潜んでいるのである。

第四章　チョウクライロ舞は舞楽の曲目か

一　チョウクライロ舞は舞楽の曲目か

金峰神社の「チョウクライロ舞」は、笏拍子と龍笛の演奏にあわせて、六人の児童が舞う。編笠に桜・梅・菊の花をさしたものをかぶっている。この舞を花笠舞といっているように飾りつけた笠が大きな特徴である。

衣装は、紋付き袴姿で、黒色の上衣の右肩を脱ぎ（片方袒《かたかたぬぎ》）して、黄色のたすきをかける。中には朱色の着物を着る。亀甲文様の白袴を着て、白足袋、朱の脚絆をまく人はササラをもつ。対の三人は腰太鼓をつけて、笏拍子役の笏の音と、何度もくり返される「チョウクライロー」ということばと、龍笛の音色にあわせて、舞が舞われる。

舞の最後には、五穀豊穣の願いをかなえるとして、花笠の花が、観衆にわけあたえられる。童舞であること。六人舞であること。花笠をかぶること。華やかな衣装を身につけ、手にササラを持ち、腰太鼓をつけること。こうしたモチーフをもつ舞楽の曲目はあるのだろうか。

現在、舞楽の曲目で、舞人の人数は、一人の場合、二人、四人、五人、六人の五とおりとなっている。最も多いのは四人舞と一人舞である。

襲装束に別甲をつけて唐楽の壱越調（D＝レの旋律）の曲にのって舞う「春鶯囀」という曲目がある。これは、唐の

編笠に桜・梅・菊の花をさし華やかな衣装を着る

太宗がつくらせたという説や、高宗が鶯の声を聴き、白明達に命じてつくらせたとする説のある舞である。この舞人の人数は、四人または六人である。この舞では、頭に鳥甲をかぶり、襲衣装などの着衣することから判断して、チョウクライロ舞とは異なっている。

つぎに、「万歳楽」という舞人が六人の曲目がある。これは、唐楽で鳥歌万歳楽ともいう。唐の則天武后（在位六九〇〜七〇四）の作という。武后が飼っていた鸚鵡がいつも万歳と鳴くので、その鳴き声をとって作曲した、という説がある。また、隋の煬帝（在位六〇五〜六一六）の作といい唐で賢い皇帝が世を治めたとき、鳳凰が賢王万歳とさえずったので、そのありさまを音楽にしたという説がある。いずれも、鳥の鳴き声を舞の由来としている。

この舞は、大人の舞人が、襲装束で、片方袒をして舞う舞である。人数や片方袒の姿など共通点はあるものの、頭に鳥甲をかぶり、襲衣装などの着衣で舞うことから判断して、チョウクライロ舞とは異なっている。いずれも鳥の鳴き声を舞の由来としている。

つぎに、「蘇合香《そこう》」という舞人が六人の曲がある。これは、唐楽で盤渉調（Bmのシ旋律）の曲である。略して蘇合ともいう。

釈迦の入滅後二〇〇年、インドのマカダ国に君臨した孔雀王朝の第三世の君主であった阿育王が病気のとき、地中海と黒海にはさまれた小アジアに産する蘇合香（まんさく科の落葉喬木）の薬草を飲んで全快した。そこで、王はよろこんで育竭にこの曲をつくらせたという。

舞人は蘇合の草に似ている特殊な菖蒲の甲《かぶと》をかぶって舞う。

インドの曲であるが唐に伝わったものを、遣唐舞生の和邇部島継が延暦年間（七八二〜八〇五）に、わが国に伝えたものといわれている。

菖蒲の花の冠をかぶるところや人数では、蘇合香とチョウクライロ舞は、関連もありそうだが、蘇合香は襲装束の舞で、楽器をもたないことから判断すると、チョウクライロ舞とはことなる舞である。なお、本章とも関連し、あとでふれる酒田市新山神社の神事では、この菖蒲の甲をかぶって舞人が舞っている。

唐の則天武后作といわれる万歳楽（『雅楽への招待』）

つぎに、童舞で、舞楽の四人の舞であるが、桜の花を挿した天冠をかぶり、手に楽器をもつという特徴をもつ舞楽の曲目に、迦陵頻《かりょうびん》がある。迦陵頻は、正しくは、迦陵頻伽《かりょうびんが》（サンスクリット語 kalavinka カラヴィンカ）の音写である。「妙音和雅鳥」、「妙音・美声」などと訳す。また、歌羅頻伽、迦尾羅、迦鳥、頻迦鳥ともいう。

この鳥は、仏経極楽浄土にいるという想像上の鳥であり、Heavenly sparrow として名高い鳥である。現在インドのブルブルと称する鳥に似ているという。

迦陵頻伽は、阿弥陀経のなかでは、つぎのように記述してある。

「彼国常有。種種奇妙。雑色之鳥。白鵠。孔雀。鸚鵡。舎利。

蘇合香は菖蒲の冠をかぶって舞う（『雅楽への招待』）

迦陵頻伽。共命之鳥。是諸衆鳥。晝夜六時。出和雅音。其音演暢。
五根五力。七菩提分。八聖道分。如是等法。其土衆生。聞是音已。
皆悉念佛。念法。念僧。

（中略）

出微妙音。譬如百千種楽。同時倶作。聞是音者。皆自然生。念佛。
念法。念僧之心。」（佛説阿弥陀経）

妙音を発する鳥のなかに、迦陵頻伽という鳥たちがいて、この鳴き声を聞くものは皆、仏・法・僧のこころをもつようになる、という意味であろうか。妙声を発して法を説くという迦陵頻伽は、声に「苦空無我常楽我浄」の意を伝える（『倭漢三才圖會』）といい、その像は、顔は美女のようで、鳥身のすがたであらわされる。浄土曼荼羅には、人頭鳥身の形で表現している。天台宗の平泉の中尊寺金色堂には、このデザインの銅造華蔓がある。

舞楽の迦陵頻は、林邑楽の一つの左舞で、四人の童舞の有名な曲である。壱越調（D＝レの旋律）の曲である序・破・急の三部からなる。迦陵頻伽に擬して、天冠をつけ、翼を負って銅拍子（小さなシンバル）をもった四人の児童が舞う。迦陵頻は、略して鳥といい、不言楽ともいう。インドの祇園精舎の供養の日に、極楽にいるというめでたい迦陵頻伽という霊鳥が飛んできて、舞ったありさまを妙音天が舞としたといわれる。

四人の舞人は左舞の特徴である朱色の指貫を着衣し、牡丹唐草の透かし彫りのある天冠に、桜の花をさしてかぶり、背に大きな美しい鳥の羽をつける。足には鳥足をはき、両手に銅拍子をもって、打ちながら舞う。

迦陵頻の舞は、舞台では、左手より、四人の舞人が一列に一人ずつ舞台にのぼる。舞台での所作は、最初はゆっくりと羽ばたきながら、一人ずつ舞台に登場し、二人ずつむかいあって羽ばたくところから舞がはじまる。

後半になると、羽ばたきが早くなり、首を左右にむけるなどの動作が見られる。最後に、羽ばたきながらふたたび一列になって、舞台の左側に一人ずつ退出する。

迦陵頻の番舞は、高麗楽の胡蝶である。胡蝶は四人の童舞である。右舞の仏教の法会や、御練りのときに胡蝶とともに舞われている。

四人の童舞の迦陵頻伽の舞（「雅楽への招待」）

迦陵頻で天冠にさす桜の花や、童舞であることなど、さらに、楽器をならすという特徴は、前記の舞よりは、チョウクライロ舞との共通性はある。しかし、舞人の数、衣装、舞の形態や舞の所作など、本質的にチョウクライロ舞と迦陵頻は、べつの舞のようにみえる。

童舞の楽には、「胡蝶」、「登天楽」、「東遊」などの八曲があるが、いずれも、チョウクライロ舞と、共通性を見いだすことは困難である。

ほかに、チョウクライロ舞との共通性のある舞楽の曲目は見あたらないことから、チョウクライロ舞は、舞楽そのものではなく、舞楽の曲目とは異なると考えるべきであろう。

二　五穀豊穣を祈る田楽舞

チョウクライロ舞が舞楽の曲目でないとしたら、一体何の舞なのだろうか。チョウクライロ舞は、祭事では、「花笠舞」であるといい、延命長寿や五穀豊穣を祈願する舞であるとする。舞では、児童の舞人六人のうち、三人は手にササラをもっている。ほかの三人は腰太鼓を身につけている。ササラは、竹を細かく切ってこれをたばねた楽器である。舞楽では、ササラを使わない。ササラは、田楽、説教、歌祭文などで、拍子をとる楽器として使用される。

古代からおこなわれた、五穀豊穣を祈願する宗教的祭事に田楽がある。

農業は、人智を超えた自然条件のなかで、時間と労力をついやして収穫していかなければならない。農業にたずさわるものにとって、当然のことながら、その収穫は、死活問題である。

干ばつや台風、大雨による洪水、天変地異などによる自然災害が発生すれば、農作物は大打撃を受ける。それは、農業生産物を税として徴収する側の為政者にとっても体制の維持のための財源確保にかかわる重大問題である。そこで、農作物が無事に生育し、収穫ができるようにとの願いをこめて、人々は神仏に祈願した。

古代には、稲の中には稲霊が存在すると信じられていた。人々は、歌舞音曲の力によって田や地面のなかにいる稲霊をよび起こし、五穀の豊穣を祈願した。田楽は、そうした人々の豊作への祈りからうまれた。農耕へのまつりごと、すなわち、田の神をまつって舞ったものが原形であろう。絶対者に対する切なる願いを実現するために、農耕神事が生みだされたのである。

『続日本紀』の光仁天皇の宝亀八年（七七七）五月七日の記事に「天皇は、五位以上の官人に飾馬や走馬を進上させ、田儛を舞台で舞わせた」とある。この頃には田楽の原形となった田舞がすでにあったことがわかる。

田楽では、華美を競い、あざやかな花笠に、豪奢な衣装で笛・腰太鼓・ササラ・銅拍子などを囃子として、舞が舞われる。

さらには、刀剣・玉・高足・一足などとよばれる曲芸的な芸も演じられた。儀礼とあわせて派手な見せ物としてもひろく流行したという。

高足などの軽業や、奇術、幻術などは、奈良時代に日本に伝来した大陸の楽舞である散楽を根源としている。散楽は、百戯や雑技ともよばれ、物真似などさまざまな演目がある。渡来以前の日本にも俳優《わざおぎ》や侏儒《ひきうど》の技が、宮廷に集中されることがあった。

中国、インド、中央アジアから伝来し、胡による上演もみられた。新たに伝わった散楽は、令制では散楽戸で伝習された。宮廷における正式の歌舞に対する俗楽として余興的に演じられた。

延暦元年（七八二）の散楽戸の廃止以来、急速に民間に流出し、民衆的な雑芸の道をあゆみはじめたのである。散楽に関する文献で、正倉院蔵〈弾弓図〉〈散楽策問〉〈信西古楽図〉などからみると、軽業や曲芸、奇術・幻術、滑稽・物真似がおもな内容であり、簡易な楽器で伴奏されたと推定されている。

五穀豊穣を祈願する宗教的祭事である田舞と、外来の散楽の二つが一体となって田楽が大成された。そして、専業の田楽法師もうまれた。

平安時代末の院政期（一〇八六〜一一八五）には、田楽の座（職業集団）が数多く結成され、平安の都で、田楽が大流行した。その内容が、平安時代に、大江匡房が書き著わした『洛陽田楽記』に記述され、当時の田楽のようすをリア

ルに伝えている。（カッコ内は長瀬注）

永長元年の夏、洛陽（平安京）大いに田楽の事あり。その起こる所を知らず。初め閭里（りょり―郷村の人々）よりして、公卿に及ぶ。高足・腰鼓・振鼓・銅鈸子（どうびょうし）・編木（びんざさら）・殖女・春女（しょくじょ・しゅんじょ―田植え・収穫に従事する女性）の類、日夜絶ゆる事無し。喧嘩（喧騒）の甚だしき、よく人耳を驚かす。諸坊・諸司・諸衛（平安京の条坊単位・役所・軍隊）、おのおの一部をなし、あるいは諸寺に詣で、あるいは街衢（がいく）に満つ。一城（平安京全体）の人、みな狂えるが如し。けだし霊狐の為なり。その装束、善を尽し、彫るが如く、琢くが如し。錦繍を以て衣となし、金銀を以て飾りとなす。富者産業（財産）を傾け、貧者跂して（まねして）これに及ぶ。（中略）腰に紅衣を巻き、あるいは放髻（ほうけい―ざんばら髪）、頂に田笠を戴す。

（後略）

田楽では、華美を競い、あざやかな花笠に、豪奢な衣装で笛・腰太鼓・ササラ・銅拍子などを囃子として、舞が舞われる。また、頭には、田笠を戴すとあるように、花笠をつけているものもある。平安京中で、あらゆる階層の人々が、まるで狂ったように田楽舞をおこなったことがよくわかる。また、高足・一足などとよばれる曲芸的な芸も演じられた。

このように、永長元年（一〇九六）の夏、地方で流行していた田楽が京の都で大流行し、公卿や僧侶までもが、これに熱中した。これは、たくさんの田楽座が、平安京の都大路を踊りながら練り歩き、見物の桟敷が壊れるほどのさわぎだったという。

このように、『洛陽田楽記』によれば、花笠舞は、田楽舞のなかの舞であることが明確である。平安時代中期・末期には、とくに京都において田楽は流行をきわめた。そのようすは、「あやしき様なる鼓腰に結びつけて、笛吹きて、佐々良といふものつき、さまざまの舞して、あやしの男ども歌うたう」（『栄華物語』）ものであるという。

あとで田楽に関して具体的事例として、遊佐町蕨岡一宮大物忌神社について述べるが、この神社に現在も足高が伝承されている。

これが中世に入って、劇的脚色が加わり田楽能とも称されて、能楽の一源流になった。

田楽舞には、花笠舞の曲目がある。花笠舞の花笠、衣装、使用するササラ・太鼓などの楽器、舞人の数、そして、舞は五穀豊穣を願うものであること。これらのことから判断すると、チョウクライロ舞は、明らかに、田楽舞の花笠舞である。

三　鳥海山周辺と各地に伝わる田楽舞の花笠舞

小滝金峰神社の花笠舞ときわめて類似し、根源を同じにすると思われる花笠舞や関連する舞が、鳥海山周辺や各地に伝承されている。

金峰神社の周辺では、鳥海山の南西麓、山形県遊佐町にある、鳥海山の登り口の吹浦の大物忌神社。おなじ登り口で、遊佐町蕨岡の大物忌神社。蕨岡から約一〇㎞南にある新山神社。さらに、そこから南進し、羽黒山の西麓にある雷電神社。これらの神社に、田楽舞の花笠舞や、関連する舞が伝承されている（図1参照）。

また、鳥海山周辺ばかりでなく、ほかの地域でも花笠舞がみられる。宮城県栗原市金成の小泊白山神社。東京都北区王子本町の王子神社などである。関連する舞は、新潟県糸魚川市の能生白山神社にも伝承されている。能生白山神社舞は、古舞楽を主体としたものであるが、なかに、延年の舞の要素をふくむ舞がある。これらは、遊佐町蕨岡の大物忌神社や新山神社の舞と共通性をもっており、同源のものと推察される。

これらの田楽舞の花笠舞や、関連する舞は、多くの類似性により、チョウクライロの語源を解明するのに重要なヒントをしめしている。

(一) 遊佐町吹浦口之宮に伝わる田楽舞の花笠舞

鳥海山の南西山麓にある、山形県飽海郡《あくみぐん》遊佐町《ゆざまち》吹浦《ふくら》字《あざ》布倉《ふくら》一の鳥海山大物忌神社吹浦口之宮には、田楽舞の花笠舞が伝わり奉納されている。

吹浦口之宮《ふくらくちのみや》は、鳥海山頂にある社を本殿とする大物忌神社の里宮である。鳥海山の裾野が日本海に接する場所に、位置している。東の社殿に大物忌神を、西の社殿には月山神をまつっている。明治期の神仏分離まで、一帯は、修験の集落であった。

この神社の例大祭は、毎年、五月四日・五日(以前は、旧四月八日)の両日におこなわれる。例大祭では、神事・御輿渡御、そして、田楽舞の花笠舞(山形県無形民俗文化財)が、吹浦田楽保存会(中村眞樹会長)により奉納されている。

舞人、管方とも、坊中の長男により、現在まで代々受け継がれている。神事の役割は、年齢に応じた通過儀礼としておこなわれる。鎌倉期を下らないという起源をもつ吹浦田楽舞の花笠舞は、大行進、ササラ、四天、円立、蹴掛け、六ツ跳の六段で構成されている。

舞人は、大人八人で、山吹や山桜の花（舞楽の迦陵頻では、桜の花。番舞の胡蝶では、山吹を頭挿花《かざし》としてもちいる）をいっぱいにさした花笠をかぶり、黒紋付に袴、太刀をはき、手には、ササラを持つ。この花笠舞の衣装のモチーフは、チョウクライロ舞と同一である。

花笠舞がおわると、舞人たちは、花笠をはずして、舞台の上から観衆めがけて放る。観衆は、これらの花を奪いあう。花笠の花は、五穀豊穣や延命の願いをかなえるものとされてきた。この一連のながれは、金峰神社のものと、おなじ動作である。

五月五日に吹浦口之宮で奉納される田楽舞・花笠舞

花笠舞が舞われるときの伴奏では、横笛が使用される。その伴奏の横笛の旋律は、チョウクライロ舞の主旋律と類似する。

（二）遊佐町蕨岡大物忌神社の田楽舞

出羽国一の宮である大物忌神社は、鳥海山の南麓の飽海郡遊佐町蕨岡《わらびおか》松ヶ岡五一に鎮座する。鳥海山をはさんで小滝金峰神社とは、南北の対になる場所に立地している。

社伝によれば、蝦夷や熊襲の征討伝説をもつ第一二代景行天皇の御世に当国にあらわれ、欽明天皇（五三八～五七一の在位）の二五年（五六四）に鎮座したとする。貞観四年（八六二）には官社に列し、延喜式には、式内社として、出羽国一の宮としてさだめられている。

蕨岡大物忌神社は、平安時代末期から山岳信仰の拠点となって、龍頭寺を筆

蕨岡の大御幣祭の神事の舞、太平楽

頭に、山岳密教寺院は三三をかぞえた。

中世以降、修験道の霊場として、その地位をたしかなものにした。蕨岡修験の衆徒は、龍頭寺を学頭として、鳥海山表口、順峰・蕨岡三十三坊と称し、登拝口のなかで、もっとも強大な勢力をほこった。

現在、蕨岡大物忌神社仁王門にむかって右側にある龍頭寺は、真言宗の寺院である。八三〇年代から八五〇年代に、この周辺一帯には、天台宗のひろまりがあり、それを古層にして、真言系の信仰がその上に重なったのであろう。

舞楽は、天台系の寺社に伝わる例が多く、円仁が伝え舞われたとする例が多い。小滝金峰神社には、陵王や納曽利の面がのこされているが、この蕨岡大物忌神社にも、陵王と納曽利の面がのこされている。社伝のこれらの面は、鎌倉期のものであるという。例大祭の神事の舞で、これらの面をつけた舞が舞われている。毎年、五月三日の例大祭（大御幣祭《だいおんべい》）に、山伏の修行・通過儀礼と一体をなす、田楽系の舞と、舞楽系の神事の舞（山形県無形民俗文化財）が舞われている。

祭では、大御幣行列、散楽に起源をもち、田楽の曲目である高足（散楽起源の一本足の竹馬で境内を飛び跳ねる曲芸的な動作のもの）がおこなわれたあと、蕨岡延年の舞保存会（塩谷《えんや》弘憲会長）により、神楽殿で舞の奉納がおこなわれる。曲目は次のとおりである。

①　振鉾舞《ふりほこまい》　これは、舞楽の振鉾《えんぶ》にあたる舞である。一人舞で、鼻高の面をつけ、鳥甲をかぶり鉾をもって演ずる曲である。

② 陵　王　これは、陵王と納曽利の面で舞う舞である。陵王と納曽利が一組とされるものである。陵王の舞では、「チリヤ　アリチリ　チヤ　チヤナン　オヒトツ　フタツ　ミッツ　ヨッツ　イツツ　ムッツ　ナナツ。二オヒトツ…」と四つまでくり返して唱えることばがある。

納曽利では、「チリヤ　アリチリ　チヤ　チヤナン」をくり返す。

この唱えことばは、のちにチョウクライロ舞で、くわしく述べるが、楽器と舞の動作をおぼえるために、口で唱えることばである。

③ 童哉礼《どうやり》　真っ赤な装束で四人の児童の舞である。

人さし指と中指をそろえてのばし、ほかの指は折りまげて舞う。指で印をむすぶこの動作は、剣印といい、舞楽の舞でみられる動作である。舞の最後に一列にならび、二本ののばした指で円を描き、その円を、指で突き刺す所作をする。

大御幣祭で使われる陵王と納曽利の面

糸魚川市の能生白山神社にも舞楽が伝わっている。そのなかの演目に、童《どう》羅利《らり》がある。稚児四人の舞である「候礼《そうらい》」のあと、面をつけ、牟子《むし》（三角形のぼうし）、指貫《さしぬき》すがたの子どもが、「童羅利」を演ずる。舞は単純軽快で、ひょうきんな動作のくり返しである。退場の橋がかりで、ころんで赤目をする。これは、舞楽の案摩、二の舞（後述）の変形と推定されている。童哉利はこの舞との関連も想像されるが、詳細は不明である。

④ 童《どう》法《ほう》　真っ赤な装束で四人の児童の舞である。

童哉利とおなじ所作がみられるので、一連の舞とも考えられる。「ドンホーイワテ、テヂテエヂンドー」の唱えことばがある。童法の名称は、唱えことばの「ドウホー」を語源としていると考えられる。

⑤ 壇内入《たないり》　最も手のこんだ稚児舞で、真っ赤な装束、緋袴、鳥甲をかぶって三人の稚児が舞う。

唱えことばは、「タナイリイ　タナンドウ　チリヤア　タナイリイロラロラナン　チリヤリヤンナ」ということばの舞と、「ンドオフラララリリヤ　アンドフリヤヤ　ラリヤンド」ということばの舞がある。

⑥ 倶舎舞　狩衣・烏帽子すがたの大人の四人舞（本来は二人と伝承されてきた）である。この舞では、太刀を佩《は》き、日の丸の扇子をもって舞う。

唱えことばは、「タイコウムケントウ　ケントウムケントウ　オオモノイミトイウジンギ　ウガノミタマトイウジンギ　イヤスワ　スワスワスワスワスワ　タアジトウジジタジト」となっている。

⑦ 太平楽　倶舎舞とおなじ衣装で、四人の大人が舞う。

「チリヤタロハア　フタツ　ミッツ　ンドオ　ヒトツ　オウギ　ライギ　ライギロウ」と唱えことばをくり返して舞う。

曲目に花笠舞は、残されていないが、童舞である童哉礼《どうやり》は、舞楽の四人の童舞である迦陵頻の所作ときわめて類似する所作の舞である。これと同じ舞が、つぎに述べる新山延年舞の稚児舞にもある。

その稚児舞の詞に「ドンヤレ。ヤレ一ッ。二ッ。三ッ」「ドンホーイワテ、テヂテエヂンドー」があり、これは舞の伴奏の太鼓の音「ドン」と、「ヤレ」動作に一拍置く合いの手、「一ッ。二ッ。三ッ」は、舞人の動作である。「ドンホーイワテ」の、「ホーイワテ」は不明であるが、「テヂテエヂンドー」は、銅拍子と鉦鼓の擬音と考えられる。蕨岡の「童哉礼」、「童法」の語源は、これによるものと考えられる。

能生白山神社の舞楽の舞について、舞のときにくちずさむことばについて昭和三三年四月に再編した所作と楽譜の資料がある。(『能生白山神社舞楽　森本神楽』能生町教育委員会)

これによれば、「童哉利」は、「ドーンコドンデン」という太鼓が三回くりかえされ、つぎに「オーヒャーヒャー」という笛の音を一回きいて舞いはじめることが書いてある。このことから考えると、蕨岡延年の舞の唱えことばは、楽器の音や舞の所作をしめすものであることがわかる。

楽器の擬音語が、舞の楽譜になることは、チョウクライロの語源にも関連するが、くわしくは後で述べる。

蕨岡の大物忌神社には、陵王、納曽利の面が伝えられ、これを使用し舞が舞われるなど、田楽よりも古い舞楽の舞の姿を色濃く残している。舞の曲目のうち、「童哉礼」、「童法」は、舞楽の迦陵頻の舞と類似している。

別名「鳥」とも呼ぶ迦陵頻の舞は、鳥見山とよばれ大鳥伝説がある鳥海山との関連性を連想させる。つぎに述べる新山神社は、河内国の大鳥神社から勧請されたものである。このように、ふしぎにも、「鳥」で、神事の舞がつながっている。

蕨岡の『出羽一宮大神事手鑑』には、通過儀礼として舞う曲目として、一五歳まで「童耶礼」「童法」「チュウリライ」「蘇合」「壇内入」を舞う、とある。

その後、一六歳から「越合」「倶舎」「太平楽」「連舞陵王」「高足」等の楽・舞を修業し、二五、六歳に、田楽役に入る、という記事がある。現在、蕨岡の神楽殿で舞われる舞は、太鼓の拍子のみによって舞われている。

(三) 酒田市(旧平田町)新山神社の花笠舞

酒田市(旧平田町)の新山神社《にいやまじんじゃ》は、かつては鳥海修験の道場であった。

神社は、出羽丘陵の鷹尾山（標高三五二m）の中腹に鎮座する。以前には、飽海郡平田町であったが、現住所表記は、酒田市楢橋字新山である。

新山の鎮守新山神社のはじまりは、天平一一年（七三九）泉州（大阪）大鳥神社から勧請された、とする説と、大同二年（八〇七）、坂上田村麻呂が奥州征討のおりに開基した、真言宗新光山阿迦井坊護国院最勝寺と伝えられる説がある。

両部（神仏）習合の説により、本地仏は毘沙門天、脇侍に不動尊と吉祥天を安置し、新山権現としたとする。修験時代に、鳥海山系の鷹尾修験九坊が奉仕してきたが、明治以降は、神社に改称した。主祭神は、日本武尊をまつっている。

寺島良安の『倭漢三才圖會』によると、泉州の大鳥神社では、その由緒をつぎのように述べている。

日本武尊が、父の景行天皇の四〇年の時に命じられて、東夷征討をおこない、その後、帰路の伊勢で崩御する。白鳥になって飛び立ち、そして最終的に、大鳥村にまつられた。これが大鳥神社である。新山神社が主祭神日本武尊をまつっていることは、理があるのである。

新山神社には、鎌倉期にさかのぼるとされる延年舞が伝承されている。

延年とは、文字通り、延命長寿、天地長久を願うものである。延年舞は、寺院の法会の後に演ぜられた舞である。平安時代中期から鎌倉・室町時代にかけて寺院でおこなわれた舞で、延年会という寺院の宴遊に演ぜられた。

はじめは、大衆や稚児によって演ぜられたが、後には遊僧という専門職ができた。田楽や散楽から一部をとって仏をたたえ、天地長久を祈り、千秋万歳をことほぐものであった。興福寺、東大寺、法隆寺、薬師寺、延暦寺、園城寺、多武峯などでさかんにおこなわれた。現在は、日光輪王寺や平泉毛越寺などに、その舞をみることができる。

新山神社の延年舞（山形県無形民俗文化財）は、九坊の人達によって相伝され、特定の家々が各役を受け持っており、現在は、新山延年舞保存会（後藤幸夫会長）が舞を伝承し、八月一五日（以前は旧暦三月二〇日）の例大祭で奉納している。祭の日に、行列は、高い樹木にかこまれた長い石段を登っていく。山の中腹には新山神社の本殿が鎮座している。本殿にむかい右側の広場に二間四方の木製の舞台が設けられる。舞台の四隅には、慈覚大師作という木製の龍頭をかかげる。赤と白の幣束をさげたしめ縄を柱と柱の間に張る。この舞台で、舞は本殿にむかって奉納される。

慈覚大師円仁は天台宗の僧であり、新山神社は真言宗の修験の拠点である。矛盾とも思われる。しかし、第二章で述べたように、天台信仰の古層に、新たな真言宗の信仰が重なり、蕨岡の大物忌神社と同じように、古層に天台宗の信仰があり、そのあとに、真言宗系の修験活動が重なったということであろう。

新山延年では、本殿での神事のあと、巫女舞、獅子頭舞が奉納される。伴奏は、太鼓のほかに太管の七孔の笛（龍笛）と、銅鈷子《ちゃんぎり》が用いられる。

舞は、場所を舞台に移して、七つの曲目が奉納される。この新山神社で舞われる舞の大きな特徴として、舞楽の蘇合香の舞で使用する菖蒲甲とおなじ甲（地元では、カキツ葉といっている）をかぶり舞が舞われることである。

① 鉾舞　舞楽の「振鉾《えんぶ》」にあたる舞である。

② 稚児舞　舞楽の蘇合香の舞で使用する菖蒲甲とおなじ甲をかぶり、赤い色の裲襠衣装の児童四人で舞う。これは、舞楽の童舞である迦陵頻を想起させる舞である。

③ オッコウ舞　稚児舞とおなじ装束で、赤い色の裲襠装束の児童四人で舞う。

④ 倶舎舞　蕨岡の倶舎舞と舞が似かよう、カキツ葉という甲に白装束で、扇をもち大人四人で舞う。

⑤ 太平楽　カキツ葉という甲に白装束で、大人四人が白装束で、花をさした笠をかぶって舞う。舞では刀をもつ。

舞の最後に、花笠舞が舞われる

⑥　天狗面舞　黒い裲襠装束の一人舞で、黒い面（散手面に似る）の上部に、龍が乗る面（このモチーフは、陵王の面とおなじ）をつけて、腰に刀をさして舞う。飛び上がる動作が特徴的である。

⑦　花笠舞

この七曲である。

童舞、大人舞でかぶる「カキツ葉の甲《かぶと》」は、舞楽の「蘇合香《そこう》」でかぶる菖蒲甲である。蘇合香は、菖蒲に似た薬草である。インドの阿育王が病に倒れたとき、この薬草を服用し、全快した。舞楽の「蘇合香」は、これにちなんでつくったという。「カキツ葉の甲」は「かきつばたの甲」であろう。

「オッコウ舞」の語源は、「蘇合香」あるいは、蕨岡の「越合」とおなじと考えられる。②、③の稚児舞は、蕨岡の舞の「童哉礼」、「童法」と類似する。唱えことばは、蕨岡・新山ともおなじである。

新山神社での舞の内容は、先鉾舞や太平楽、天狗面舞、稚児舞などの舞楽系のものと、倶舎舞、花笠舞など延年・田楽舞系の舞がある。両社とも真言系で、流れは同じである。

倶舎舞は、小滝金峰神社のものと同名の舞であり、蕨岡の倶舎舞と類似する、大人四人の舞である。反閇《へんばい》を特徴とする舞である。

花笠舞は、大人四人の舞人による舞で、丸い笠に花をさした花笠をかぶり、舞が舞われる。花笠舞の伴奏は、太鼓のみである。舞人は、舞のときに、「タンハンラリタア　アリヤリチタドラロハ　チリイヤラマソウ」のことばを唱える。これも、横笛と太鼓にあわせて舞うための擬音語の楽譜と推察される。

（四）鶴岡市高寺八講の花笠舞

鶴岡市羽黒町の雷電《らいでん》神社に、「高寺八講《たかでらはっこう》（山形県無形民俗文化財）」の田楽舞の花笠舞が伝承されている。

羽黒山の里宮という雷電神社は、修験道の拠点である出羽三山のひとつで羽黒山の西麓、羽黒町高寺字南畑に鎮座する。

花笠をかぶりササラをもった大人六人で舞う花笠舞

雷電神社は、羽黒山の開祖、蜂子皇子《はちこおうじ》が輝光寺に千手観音をまつり、高寺大権現とあがめた社と伝えられる。

八講とは、もとは寺院で法華経の講義をする「法華八講」を意味する、講義のあとに行われた歌舞宴遊に源をおくものである。これが、社寺でおこなわれ、春祭に神に供える飲食物である神饌を献じ、また、舞などを舞うことを八講と称するようになった。

高寺では、高寺山大権現に奉仕した羽黒山の末派修験者により八講が演じられてきた。

現在は、五月八日の例大祭に、高寺八講田楽保存会（渡部重一会長）によって、日光輪王寺の延年舞の流れをくむという舞四番が奉納される。

①　大小舞　延年系の舞で、大人二人が烏帽子、狩衣装束で扇をも

って舞う。
② 稚児舞　天冠をかぶり、黒紋付きに赤袴の稚児四人が梵天をもって舞う。
③ なぎなた舞　大人二人がなぎなたをもって舞う。
④ 花笠舞　稲の花といわれる花をさした花笠をかぶり、ササラをもった大人六人の舞人が舞う田楽系の舞である。
これらの舞は、いずれも鎌倉期の舞の流れをくむといわれる。舞のなかで最も華やかな舞が花笠舞である。色鮮やかな花をさした四角い笠をかぶった六人の舞人が、日の丸の扇とササラをもち、太鼓やササラの音にあわせて力強く五穀豊穣を願って舞う。

まちなかを行道するとき、さらに、八講楽殿の舞台で舞われる「花笠舞」の伴奏には、横笛が使用される。花笠舞が舞われるときの伴奏の横笛の音は、チョウクライロ舞の主旋律と類似するものである。

（五）宮城県栗原市金成小泊白山神社の花笠舞

宮城県栗原市金成小泊《かんなりおばさま》山神七七に鎮座する白山神社に、小泊《おばさま》延年（国の重要無形民俗文化財）が伝承されている。この神事のなかで、花笠舞が舞われている。

白山神社は、多賀城が設置された神亀元年（七二四）の創建といわれる古社で、征夷大将軍坂上田村麻呂も社前に陣をかまえて戦勝祈願をしたと伝えられる。白山神社は、平泉の天台宗寺院毛越寺と深いかかわりをもつ中世の「一山寺院」勝大寺を、神宮寺とする鎮守神である。

小泊延年は、もともと勝大寺でおこなわれていたが、神仏習合して、白山神社の祭事として、おこなわれるようになったという。

現在は、旧宗徒のあとを継ぐ坊中の人々が中心となった、小泊延年保存会（千葉光郎会長）により祭事がおこなわれ、舞が奉納されている。

例祭は、毎年四月、第一日曜日（以前は旧三月三日に開催）におこなわれる。小泊延年は、小泊にある勝大寺で法要を営んだ後に、白山神社に神輿渡御をおこない、神社境内に設けられた土舞台のうえで、舞が舞われる。

神事の舞は、献膳のあとに舞われる。

八人の白装束の舞人が舞う田楽舞の花笠舞

① 獅子舞　舞台を清め悪魔をはらう舞。

② 御山開き・御法楽の舞　白山神社の神と二人の龍女の伝説をパントマイムにしたもの。

③ なぎなた舞　鳥甲に襲装束の舞人二人がなぎなたを上下にゆっくり動かす舞で、坂上田村麻呂の戦勝祈願の舞という。

④ 飛作舞《ひさまい》　引き続き、なぎなたを扇子にもちかえて、二人で舞う。

⑤ 花笠舞　八人の白装束の舞人による田楽舞の花笠舞。

⑥ 馬乗《ばじょう》渡し　那須与一の扇の的の内容をしめすパントマイム。

この順序で、舞は奉納される。

花笠舞は、大人八人の舞人が花笠をかぶる。八人のうち、二人の花笠には獅子踊りでつかわれる長い鳥の羽根をさしている。六人の花笠には、赤や緑の花がさされる。舞人は、白一色の装束で、ササラをもって、横笛の演奏に合わせて花笠舞を舞う。

舞がおわると花笠の花は、観客に分け与えられる。また、馬乗渡《ばじょう》しの的は、花笠と同様に、観客に分け与えられる。いずれも、五穀豊穣と火除けの護符にするものである。

花笠舞の演奏には、指孔が六穴の横笛が使用されている。以前は、指孔が七穴の指孔の笛が用いられていた、ということであり、龍笛をもちいていたことがわかる。花笠舞が舞われるときの伴奏の横笛の音は、チョウクライロ舞の主旋律ときわめて似かよった旋律のものである。

（六）東京都北区王子神社の田楽舞の花笠舞

東京都北区王子神社の例大祭は、八月第一日曜日に開催される。このなかで、田楽舞の花笠舞（東京都北区指定無形民俗文化財）が舞われる。

北区王子本町一丁目一番の飛鳥山に鎮座する王子神社は、元亨二年（一三二二）に、この地の領主であった豊島氏が、紀州熊野三社から勧請し、若一王子権現（王子神社）を建立したと伝えられる。

鳥居の前で祝詞を奏上したあと、田楽行列が神殿に向かう。境内の舞台で、露払い、槍合わせなどがおこなわれたあとに、児童六人による王子田楽舞の花笠舞が舞われる。

赤い房が付く四角い緑色の笠には花がさされる。花笠をかぶり、衣装は、児童三人が、赤色系の狩衣衣装を身につけ、これと対応する児童三人は、黄緑系の狩衣衣装を身につける。これは、舞楽の右舞（赤色系の衣装）と左舞（青色、または緑系の衣装）の思想をうけ継いでいることがうかがえる。

児童六人が花笠を被り、太鼓やササラをもって舞うこの王子田楽舞の花笠舞でも、龍笛がもちいられている。行道と舞台での舞の横笛の伴奏の音は、チョウクライロ舞の主旋律と類似するものである。

以上が、周辺・各地に伝わる田楽舞の花笠舞の内容である。
花笠舞は、五穀豊穣の願いを実現する意図をもった舞である。舞がおわれば、花笠の花は、基本的には願いを実現する護符として観衆に分け与えられる。舞は、ササラや太鼓を鳴らしながら、右回りに回るなどの共通性が見うけられる。しかも、使用される龍笛の主旋律が類似しているという共通項から判断すると、その源流を一つにするものであると推察される。

東京都北区王子神社の田楽舞の花笠舞

新潟県糸魚川市能生白山神社に、四天王寺系の舞楽のほか、花をさした天冠の四人の童舞「候礼《そうらい》」、一人舞の「童羅利《どうやり》」があり、蕨岡の「チュウリライ」や「童耶礼」と共通する舞が伝承されている。この神社では、花笠舞そのものは、舞われていないことから、能生の舞楽は、べつの機会にゆずりたい。

　これらの田楽舞が伝承されている社寺等は、修験道の活動拠点とも関連がある。田楽舞の花笠舞は、真言宗の熊野修験とのつながりが強いようである。八〇〇年代は、鎮護国家や、済民救世を是とする天台宗のひろまりにともなって、その儀式である舞楽が伝えられた。小滝にも、画期の第二期である八〇〇年代の天台信仰と神による国家形成期に、天台僧によって舞楽が伝えられたことが考えられる。それは、仁寿三年（八五三）、出羽国の干満珠寺（現象潟の蚶満寺）が、円仁によって開創されたとする時期である。天台信仰、僧円仁、舞楽の三位一体の関係は、立石寺、中尊寺、天台寺などでも認められる。

天台信仰を古層にして、時代がくだり、平安時代末期から鎌倉時代にかけて、国家鎮護の神が農耕の神に交替した時期で、修験活動が隆盛をみる時期に、延命長寿や五穀豊穣を祈願するために、田楽や延年が真言系の僧や修験者たちによって、各地にひろめられた。

花笠舞の意図は、五穀豊穣や延命長寿の願いを実現するためのものである。花笠、衣装、ササラ、腰太鼓、伴奏につかう横笛などの楽器の共通性をもつ。田楽舞の花笠舞でつかう龍笛の演奏の主旋律は類似性をもっている。これらの多くの共通性から、延命長寿、天下国家の泰平と豊作を祈念するチョウクライロ舞は、舞楽の曲目ではなくて、田楽舞の花笠舞であることが明らかである。

小滝は、鳥海修験の登り口で活動の拠点であった。ここで活動した修験者によって、田楽舞の花笠舞が伝えられたのであろう。その時期は、先に見た画期の第三期に当たる一〇〇〇年代からの修験道の興隆期であろう。八〇〇年代に、小滝には天台信仰の広まりにより、舞楽が伝えられ、それを古層にして、それに重ねられるかたちで、一〇〇〇年代に修験者によって花笠舞が伝えられた、と考えられる。

第五章　チョウクライロの語源は何か

一　龍笛の音の「聞き做し」と舞楽の唱歌

田楽舞の「花笠舞」である金峰神社の「チョウクライロ舞」では、笏拍子と龍笛にあわせて、六人の児童が舞う。笏の拍子と龍笛の音色、何度もくり返される「チョウクライロー」ということばにあわせて、花笠舞は舞われる。「チョウクライロ」の語源を解くカギは、この「チョウクライロー」ということばそれ自体にある。

チョウクライロ舞である花笠舞は、太鼓、笏拍子、龍笛、そして、笏拍子役が発する唱えことばにあわせて舞われる。当然のことながら、舞と演奏と唱えことばは同調している。

現在、私たちが使う五線の楽譜がなかった時代に、人々は、どのようにして、メロディを伝えたのか。どのようにして、伴奏と唱えことばと舞の動作を合わせたのだろうか。

まず、音を伝えるためには、実際にどのような音なのか、聴き分ける必要がある。そして、メロディを聴き分けて、それをことばに翻訳して相手に伝えければならない。

たとえば、ウグイスは、「ホーホケキョ」と鳴くという。しかし、ウグイスは、「ホーホケキョ」と鳴いているわけではなく、日本人の耳には、「ホーホケキョ」と鳴いているように聞こえているだけなのである。それを、人間のことばで表現しているのである。これを、「聞《き》き做《な》し」という。

「聞き做し」とは、野鳥のさえずりなどを人の言葉に置きかえて、覚えやすくしたものである。意味のある短い文をあてて、まねるようにしたもので、鳥声の翻訳という表現もされる。

ふくろう科の小型のミミズクは、夜間に、「ぶっぽうそう」と鳴くので、これを聞き做して、俗に「仏法僧」と表現する。コマドリの命名は、その鳴き声が「馬（駒）」のいななき声のように聞こえることからコマドリという。また、カッコウをあらわす英語のcuckooのように、擬声語で、その音を発する物の名称になったものもある。

では、「聞き做し」をしたことばを、相手にどのようにして伝えるか。

たとえば、楽譜の読み方を習っていない小学校一年の新入生に、校歌を教えるときは、一小節ずつ区切って、口伝えで教える。歌詞とメロディと音の長さ、強弱を口伝えで教えて、歌を歌えるようにする。

それでは、チョウクライロ舞の伴奏で使う龍笛の演奏方法を、どのようにして伝えるのか。

龍笛は、シルクロードにより伝わった舞楽で使われている楽器である。

舞楽では、舞のときに演奏する篳篥《ひちりき》（たて笛）や龍笛《りゅうてき》（よこ笛）は、一子相伝、口伝で楽器の演奏を教え、習う。楽器の演奏を体得するために、舞楽では、唱歌《しょうが》を学ぶ。楽器を演奏する前に、旋律や音符の長さを暗唱するために、手で大腿部を打ち、拍子をとり、音を「聞き做し」のカタカナ文字に変えて、カタカナの旋律を口で何度もくり返して体得するのが、唱歌である。

篳篥、横笛などの場合は、教える人が、唱歌で曲の旋律や、伸ばす箇所、切る箇所を十分に教えてから、習う人に楽器をもたせる。唱歌を何度も何度もくり返して覚える。唱歌で歌ったとおなじように、楽器で演奏する。習う人は、新しく習う曲に入る前に、よく歌えるようにしておかなければならない。

このように、舞楽においては、楽器の音色の「聞き做し」により、カタカナ文字にして、それに手などの拍子をくわえ、唱歌によって、演奏の旋律、音符の長さを体得していくのである。

篳篥は、雅楽の合奏で主旋律を吹き、歌うように自由に演奏ができる楽器である。

篳篥の楽譜は、片仮名文字で、「ア、イ、ウ、タ、チ、ツ、テ、ト、ハ、ヒ、ヘ、ホ（ただし、これらは、ファ、フィ、フェ、フォ、と発音する）、ヤ、ラ、リ、ル、レ、ロ、エ、ヲ」の二〇文字を用いる。その左側には、指孔の名を小さく書き入れ、右側には、小節の区切りと太鼓をうつ場所をしめす。

例えば、よく知られる平調（E＝ミ旋律）の「越天楽」の唱歌は表2のようになる。

篳篥は、主旋律を奏するので、楽譜の文字もこまかく、音符の長短などは表記のしようがない。五線譜に「越天楽」の旋律を落とすと、表2の上のようになる。

越天楽の唱歌は、「チーラー　ロオルロ　ターアルラアー…」となる。

つぎは、龍笛などの横笛である。雅楽でもちいられる横笛のうち、龍笛は、太さ・大きさ・音も神楽笛と高麗笛との中間となっている。音色は、篳篥よりも高音である。

龍笛の楽譜は、篳篥とおなじもので、唱歌で曲を習い覚える。その楽譜に使用されているカタカナ文字は「ア、イ、タ、チ、ツ、ト、ハ、ヒ、ホ、ヤ、ヨ、ラ、リ、ル、ロ、ヲ」の一六文字である。

越天楽の龍笛の唱歌は、「トーラーロオルロ　ターアロラアー…」となる。

篳篥は、二〇文字を使用して楽譜をあらわし、龍笛は一六文字で楽譜をあらわす。このちがいは、篳篥より龍笛の方が、高音を発する楽器で、高音の音域が狭くなることによるものであろう。

チョウクライロ舞の龍笛の主旋律を「聞き做し」によって、よく聴くと、その旋律は「チョウクライロー」と、く

表２　越天楽の唱歌

越天楽の唱歌
チ－ラ－ロオルロ　タ－アルラア－
チラハテ－リレタ　アルラア－
越天楽の篳篥唱歌
越天楽の龍笛唱歌
越殿樂

り返し奏でられていることがわかる。しかも、前に述べたように、小滝金峰神社のほかに、その周辺でおこなわれる田楽舞の花笠舞の伴奏の主旋律が、金峰神社のものと似かよったものである。

二　横笛の主旋律が共通する花笠舞

前章で、吹浦口之宮の田楽舞の花笠舞、高寺八講の田楽舞の花笠舞、栗原市金成の小泊白山神社の花笠舞、北区王子神社の花笠舞について、注意深く、その演奏を聴くと、主旋律がチョウクライロ舞である花笠舞と類似していることにふれた。これらの花笠舞の龍笛あるいは横笛の演奏は、オクターブの違いはあるものの、主旋律は、きわめて類似しているのである。

さきに見た周辺各地の花笠舞でも、伴奏で横笛が使用されており、主旋律はきわめて類似しているか、または、ほぼおなじものである。

飽海郡遊佐町吹浦の鳥海山大物忌神社の吹浦口之宮の花笠舞の横笛の旋律は、チョウクライロ舞の主旋律とほぼ同じである。舞がつづけられるあいだ、この旋律がくり返されるところも、チョウクライロ舞に類似する。龍笛の旋律は、「聞き做し」で聞くと、「チョウクライロー」と聞きとれる。

鶴岡市羽黒町の雷電神社の「高寺八講」では、まちなかの行道と、八講楽殿の舞台で舞われる花笠舞のときに、横笛で伴奏をおこなう。この横笛の主旋律は、やはり、チョウクライロ舞の主旋律とほぼおなじで、「チョウクライロー」と聞きとれる。

宮城県栗原市金成白山神社の土舞台で舞われる花笠舞の旋律は、チョウクライロ舞の龍笛の主旋律と最も類似する旋律を奏でる。この舞の横笛の主旋律は、舞のあいだにくり返し奏でられる。その音は、明らかに、「チョウクライロー」と聴きとることができる。

東京都北区王子神社の田楽舞の花笠舞でも、行道や舞台の上で舞われる花笠舞で、龍笛がもちいられている。くり返される主旋律は、明らかに「チョウクライロー」と聴きとることができる。

このように、田楽舞の花笠舞で使用される横笛、龍笛の演奏の主旋律は、基本的に共通している。「聞き做し」で表現すると、「チョウクライロー」と聴きとることができるのである。

これらの龍笛の音の高さは、まったくおなじ高さではない。

それは、ことばに方言があるように、統一した楽譜がないことと、口伝による伝承であることから、異なる地域でちがう演奏がおこなわれてきたためである。しかし、音の高低はあっても、主旋律はおなじものである。

これらのことから判断すると、チョウクライロの語源は、横笛の音の主旋律の聞き做しで擬音語であることがわかる。

さらに、花笠舞は、五穀豊穣の願いを実現する意図をもった舞である。舞にもちいられる花笠、衣装、楽器などの共通点がある。舞もササラや太鼓を鳴らしながら、右回りに回るなどの共通点ももっている。しかも、使用される龍笛の主旋律が類似しているという共通項から判断すると、その源流はおなじものであると推察される。

頭にかぶる被り物に花をさすこと。楽器を手にもって舞うこと。四人以上の舞人による童舞であること。

これらのモチーフから、田楽舞の花笠舞は、舞楽の童舞である迦陵頻の影響をうけた舞である可能性が考えられるが、その論考は、機会をあらためたい。

三　龍笛の「唱歌」で解ける語源の謎

田楽舞の花笠舞であるチョウクライロ舞は、笏拍子と龍笛の伴奏にあわせて、六人の児童が舞う。龍笛の主旋律をよく聴くと、その旋律は「チョウクライロー」と、奏でられていることがわかる。唱歌によって、口伝で、この旋律が教え伝えられてきたのであろう。そして、この舞が土舞台で舞われるときに、このカタカナ文字のことばによって唱歌が歌われる。

チョウクライロ舞の舞で使用する笏拍子の笏に、カタカナ文字で「チョウクライロー」の楽譜が書いてある。これが、唱歌の文章であろう。

実際の舞のときには、笏拍子役がこれをうち鳴らしながら、龍笛の音色とあわせ、拍子をとって唱歌を歌っている。そして、笏拍子役が唱える「チョウクライロー」ということばは、龍笛が奏でる旋律・音の長短とも完全に同調している。

このことから、「チョウクライロ」の語源は、花笠舞の伴奏でつかう龍笛の「聞き做し」でカタカナ文字の擬音語であり、楽を伝承したり、実際に音にあわせて舞うための「唱歌」のことばであると考えられるのである。

龍笛の楽譜で使われる十六文字に、「チョウクライロ」の「ク」の文字はなく気になるが、そのほかの文字は、龍笛の楽譜ですべてもちいられている。

しかし、この疑問は、つぎのように考えれば、解決できる。

例えば、北村寿夫原作の笛吹童子の主題歌で、「ヒャラーリ　ヒャラリコ　ヒャリーコ　ヒャラレロ」と横笛の擬音語が表現されている。

このなかで、一六文字にない「コ」をもちいている。これは、笛で「KO」の「O」の子音が重要であり、「KO」の音が、「RO」であってもかまわない。どのように「聞き做し」て、どのように表現するかが問題なのである。犬の鳴き声は、日本語では、「ワンワン」と表現し、英語では「BOW—WOW バウワウ」と表現する。これとおなじである。犬の鳴き声にちがいはなく、それを聞く人間の言語のちがいによって、「聞き做し」がちがっているだけなのである。

「チョウクライロ」の場合、旋律の流れのなかで、「CHO—KU」と聞こえるのである。この場合も「U」の子音が重要なことである。「KU」の音は、旋律の流れのなかで、「KU」の音に「聞き做し」ているのである。

四　祭法式の舞の唱歌「チョウクライロ」

平安時代の貞観二年（八六〇）に、林家舞楽の祖、林越前守政照によって大阪の四天王寺から、舞楽が、出羽国最上郡の宝珠山立石寺に伝えられた。「林家舞楽」は、歴史的変遷があり、現在は、毎年、西村山郡河北町谷地八幡宮で、九月一四日と一五日におこなわれる秋の例大祭で、奉奏されている。この祭を、「どんが祭」ともいう。

その語源は、舞楽の演奏にもちいる吊り太鼓をうつ音の「ドン」と、太鼓の胴を叩く音の「ガッ」という擬音語をあわせて「どんが祭」としているのである。地元では、林家舞楽の非日常的な雅楽の演奏の音と、神事の舞をさして、笛の擬音語をあわせて、「おひゃらどんが」と呼んでいる。楽器の擬音語が祭の総称となっているのである。

享保五年（一七二〇）に林家当主林兵庫が書き残した「舞楽記録」（林家所蔵）のなかに、〈笛志やうが（唱歌—長瀬注）

の事〉に、一六曲の笛の唱歌が記録してある。
チョウクライロ舞と関連するものをみると、つぎのとおりである。

第一番　燕歩
「ひ　ろ　ろ　ろろ　ひや　ろらり　やりやり
ひやひ　ろひやろ　ろひや　ろひや　ひや
りと　ひや　ろらり　やりやりやひやろ　ひ」

第四番　太平楽
「ちやりた　ろらろら　ちやりた　ろらろら
ちやりた　ろらろらろらろら　た　ろらろら
ろらいたいり　ちりやりや　り　ち　りやり
ら　りたろりら　りち　うやりら　りたろり
やと　ろちうりりりたり　やた　りやろりや
ろらい　むいり」

第六番　二の舞（これは、第五番の案摩と同じ）
「ひやろ　らり　ひやひやろひやろ　らりらり

や　ひやろひや　ちよろうをうをひやひ　や
ららりち　ちよろう　ををと　ひよろ」

第一四番　陵王
「ちょろ　うをうをひやひやう　ららりち　ちょ
ろうをうをとひよろ　ちうり　り　ちうり
り　ちや　りちやらりちや　りひやひやり
ひやひやろひやひや　ろ。た　うらりやと
ろひやらりひやひやろひやひやり　ひやひや
ろ　ひやらろ　た　うら　りやと　るひやり
ひよろひやひやり　ひやひやろ　ひやろ」

第一五番　納曽利
「と　ひや　りら　りろりひ　やひや　ろらろ
ら　らひやひやひや　ひやろらろ　らろらひ
やろらろ　ひやひやろ　ひやひや」

このように、林家舞楽には、一六曲の唱歌が、伝えられている。

唱歌によって、林家舞楽は一子相伝で楽が伝えられてきた。これと同じように、金峰神社のチョウクライロ舞は伝承されてきた。口伝による伝承の楽譜が「チョウクライロー」ということばであった。

第一章でみた小児の舞（チョウクライロ舞・花笠舞）を思い出していただきたい。笏拍子役が笏に書いてある「チョウクライロー」のことばをくり返す、ということを紹介した。笏に書いてあるこのことばこそ、田楽舞の花笠舞が舞われるときの龍笛の唱歌だったのである。

笏拍子「チョウクライロ」の語源は、神事の非日常的な龍笛の音の「聞き倣し」であり「チョウクライロー」の音譜が伝承されてきた「唱歌」によって命名されたものである。きわめて印象的なこのことばの響きが、金峰神社の花笠舞であるチョウクライロの語源になったものと考えて間違いない。

「チョウクライロー」と奏でられる龍笛の主旋律は、舞楽「迦陵頻」の後半に、龍笛によって奏でられる主旋律と、よく似ている。このことから、チョウクライロの主旋律は、もともと、「迦陵頻」の龍笛の主旋律の音色であることも考えられる。

林家舞楽が国の無形文化財の指定を受ける昭和二三年に文部省に提出した資料がある。それによると、近接地方に残る舞楽として、谷地町誌編纂委員会によって、小滝金峰神社の舞の調査がおこなわれた。

そのなかで、小滝の『神事古實記』（天保九年―現在遠藤司氏所蔵）に、七つの曲目を総称して、「祭礼方式の舞」（正しくは「祭法式之舞」）としていることを、報告している。また、〈「唱えの文」として、笛の唱歌が書いてあったが、ここには、省くことにする。〉と記述してある。

筆者は、「チョウクライロー」ということばが、龍笛の唱歌であることを裏付けるために、唱歌の書付と、それをもとに演奏し、舞を舞うための動作をしめす資料を探してみた。この作業は、なかなか困難であった。

こうした神事の舞は、資料にたよらず一子相伝により口伝によって引き継がれる。したがって、書付資料として残らない宿命をもっているのである。

ところが、舞楽関連の調査をしていたところ、新潟県糸魚川市にある能生白山神社の舞楽の資料があることが判明した。早速、教育委員会の文化財担当の高津嘉美氏に訪ねたところ、能生町教育委員会発行の『能生白山神社舞楽森本神楽』に舞楽の曲目一曲ずつ、舞人の動作と唱歌をまとめた資料があることを教えていただき、譲っていただいた。

そのなかの一例で、「泰平楽（太平楽）」の鉾の舞の部分では、つぎのように説明する。

○鉾の舞

ン－ンンチヨと立ち上がりながら鉾を取って左に向き、鉾はヤリチガエて舞う。

次、カンナンヒヤリーヤテンドーとなってテンドーの時腰をする。

次でドーオンチヨーコロロチヨーンーンンカイカコカツンドーとなると右足をふみ、左足を半歩左斜め前へ踏み出し、つま先をあげる。

コロロチヨーとカツンドーの時は鉾を引きながら爪先をつける。

（後略）

このように、一曲ずつ、舞台の位置や足の運びを図解しながら舞と演奏について説明している。また、「ハアカンナンヒヤリーヤ。テンドー。ドン。」という安政二年の舞楽唱歌集の資料もあった。

私は、チョウクライロということばが、龍笛の唱歌であるという仮説は、これで実証できると確信した。チョウクライロの語源について、論理的に説明できるのである。

しかし、仮説を論理的に説明できても、それを裏付ける物的な証拠がなければ、それが真実であることを証明できない。

私は、象潟郷土資料館の石船清隆氏と現在、館長で学芸員の齋藤一樹氏に、さきにいただいた活字資料ではなく、なんとか天保九年の『神事古實記』の原典に当たりたいという旨を無理にお願いした。その結果、齋藤館長が、『神事古實記』の原本複写資料を、私の手元に届けてくれた。

活字資料にはなかったが、その原典資料には、本論を立証する記述があった。

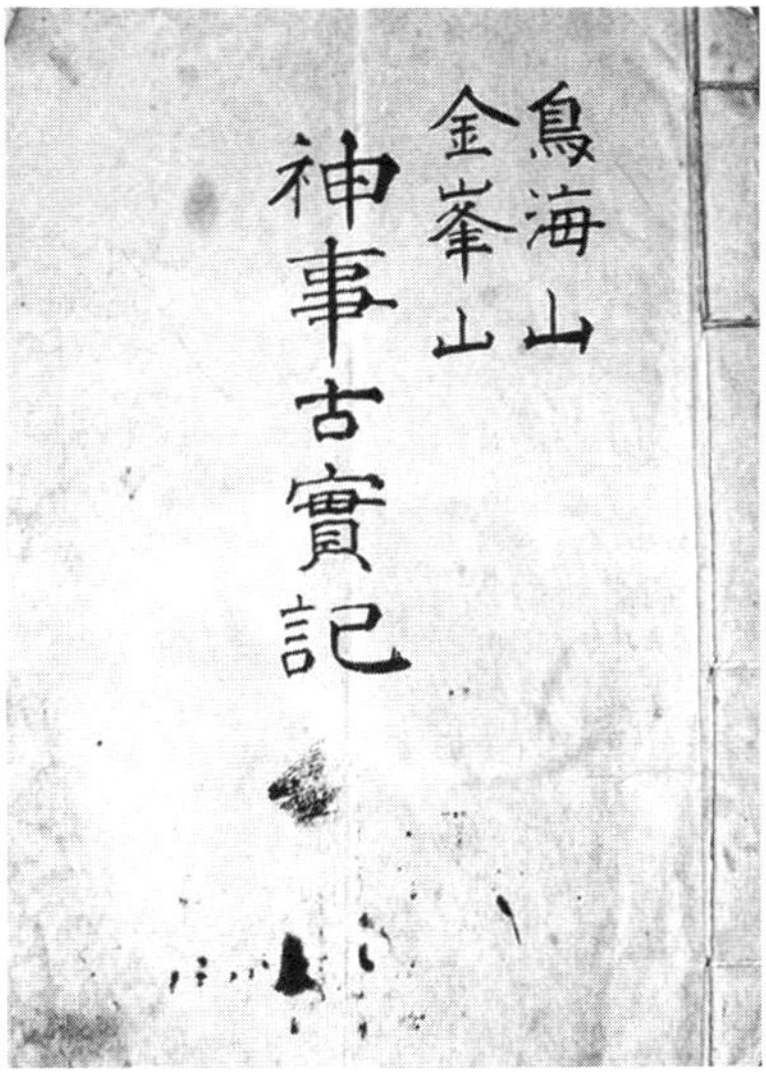

チョウクライロの語源を伝える『神事古實記』

五　『神事古實記』が伝える真実

『神事古實記』の原本をみると、第二の荒金の舞と、第三の小児の舞（チョウクライロ舞）、第六の瓊矛の舞、さらに、第七の閻浮の舞に、それぞれ唱歌が記してある。

次ページの図版は、第三の小児の舞の部分である。最後の行の上から、「長久生容」の表記があり、唱歌のルビがついている。

その記述をみると、つぎのとおりである。（字詰めルビ等原典のママ）

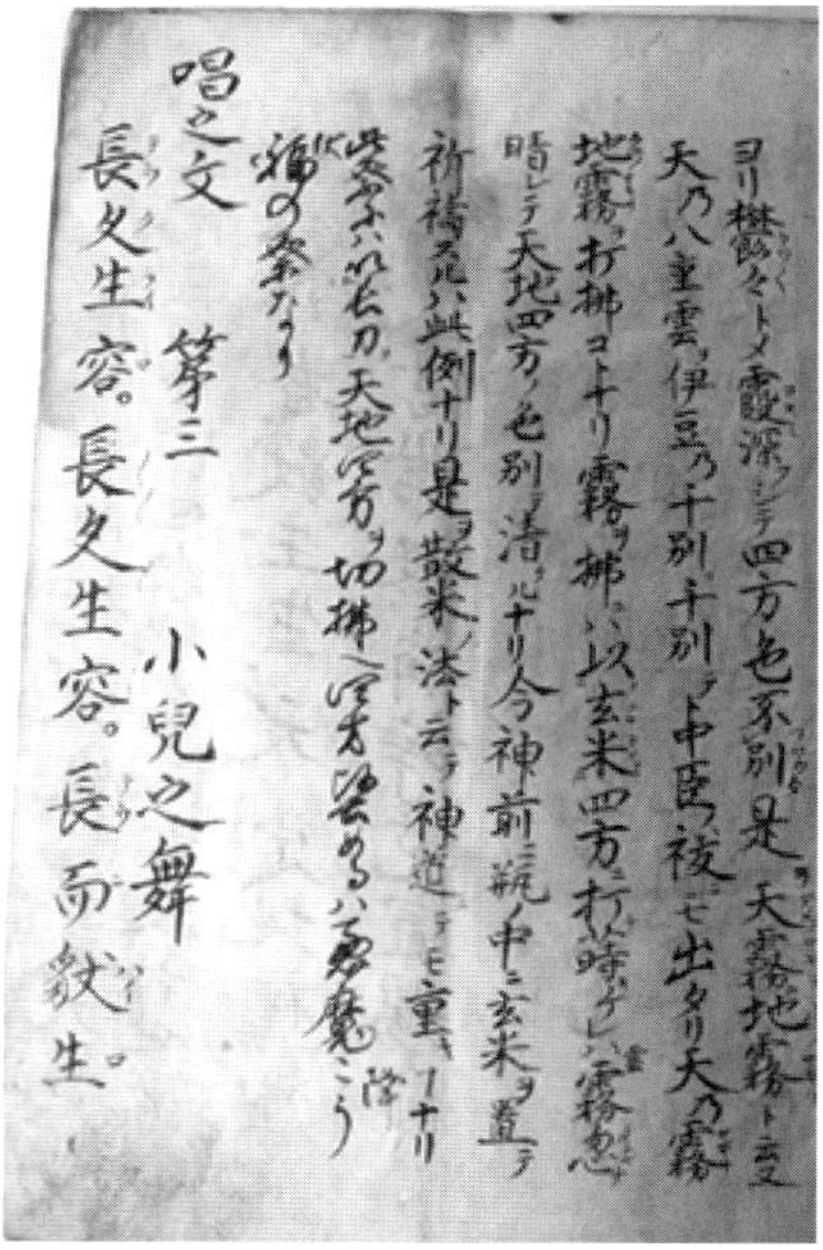
唱之文　第三　小兒之舞
長久生容。長久生容。長而欽生。

最後の行に「長久生容」の記述

第二　荒金之舞

笛音

天長生《トウヒャラ》。質八嶋《シウヤラ》。地久生《トウシャラ》。宝祚公《シウヤラ》。民久者《ラリンシャ》。齋奉作物《ララララ》。
草片葉至《シウヤトウロ》。負賜辞和妙成幸《タリンチャチンヤンサ》。

この文で、漢字の右側に記述しているカタカナの文字は、かならずしも、漢字の読み方にはなっていない。冒頭の「笛音」は、龍笛の唱歌を示しており、唱歌だから、漢字とカタカナ文字が一致しないのである。

つぎに、小児の舞である。

唱之文　第三　小兒之舞

長久生容《テフクライロ》。長久生容《ヽヽヽヽ》。長而欬生《テフニハイロ》。
欬生《ハイロ》。長而欬容《テフニハイロ》。欬容《ハイロ》。欬《ハイ》。天長《トウヒャ》
生《ラ》。禮生禮生道容地久状有状有也《ララララトウロチリンチイヤチンヤンサ》
呼《ヲ》一ッ。郊有《シウヤ》。欬生生《ハイロロ》。天ー定地禮《トヒャンタラ》。宝《シャ》
祚公《ヤラ》。久者常盤稱辞竟宜賜命《リンシャララトウロタラリンシャ》
等《ラ》

（テフクライロ。ヽヽヽヽヽ。テフニハイロ。ハイロ。テフニハイロ。ハイロ。ハイ。トウヒャラ。ラララトウロチリンチイヤチンヤンサヲヒトツ。シウヤ。ハイロロ。トーヒャンタラ。シャヤラ。リンシャララトウロタラリンシャラ）

これも漢字の右側のカタカナ文字が笛の唱歌である。冒頭の「唱之文」が「笛音」と表記されないのは、舞のなかで、これを唱えることを示している。それは、第六番の瓊矛の舞と、第七番の闇浮の舞に、漢字の左側に、読み下しを書いてあることからも証明できる。

第六の瓊矛の舞の「唱歌」は、つぎのように記してある。

笛音

祚八十《シウヤラ》《アマツヒツギヤソ》。嶋隊《ララ》。事《ラ》《シマオトロフルコト》　無皇神《ラララ》《ナクスミカミ》。留坐《ララ》《トドマリマス》

となっており、第七の闇浮の舞は、つぎのように記述している。

笛音

初穂千《シフヤラ》《ハツホ子カヘ》。頴八《ララ》《ヤ》。百頴奉天社國社《ララフララララ》《ヲネガイタテマツリテアマツヤシロクニツヤシロ》

語リ　清者陽易濁地《シシャツハリヤリランラ》《スメルモノハテントスカタトリテニゴルモノハチナリ》　呼《ヲ》一ッ二ッ三ッ四ッ五ッ六ッ七ッ

笛音

祚御世御《シウヤラヤ》《アマツヒツギミヨ》。堅盤常《ラララ》《カキハトキハ》。盤齊奉《ラララ》《キンイハヘタテマツリテ》
成皇《ララ》《コト〱ク》。神安平《ラララ》《カミヤスラゲリタイラゲリ》

漢字の両側に記されているカタカナ文字は、右側が龍笛の唱歌であり、左側にあるのは、漢字の読み下し文ともいうべきものである。左側の文章は、舞の内容やその意味を伝えようとしている文章である。

『神事古實記』の「唱之文」のことばが「唱歌」であるという証拠は、もう一つある。

『神事古實記』のなかで、第一番の「九舎之舞」の説明文が、左の写真であるが、「太空無幻」の右わき下に、「丄○○○ロイ」とあり、「妙渾元猷稱」の右わき下に「丄○○○トイ」とある。これは、これまでの研究のなかで、誤って表記されたり、正しい解釈がなされていなかったものである。

これは、龍笛の指孔の指づかいと唱歌を表記したものである。龍笛の指孔は、頭の方から順に、「六（ろく）、中（ちゅう）、夕（しゃく）、丄（じょう）、五（ご）、干（かん）、丅（げ）」と表記する。指孔を押さえずに、全開したものは、筒音といい「口」と表記する。

「丄」は、左手の指孔「六・中・夕」を押さえて、右手の指孔「丄・五・干」を開けた「ソ」旋律（双調）の音である。「○○○」は、三拍子を続けての意味と考えられる。「ロイ」、「トイ」は、唱歌のことばである。この表記はつぎのページの龍笛の唱歌をみていただきたい。

このように、『神事古實記』で記述する本文大文字の右側のカタカナ文字は、龍笛の演奏の唱歌であり、左側のカタカナ文字は、本文を説明しようとする読み下しの文であることが、明確である。

『神事古實記』は、天保九年戌正月日（一八三八）に、薜《へい》氏が編集したものである。そして、「小瀧邑　淵名舜庵

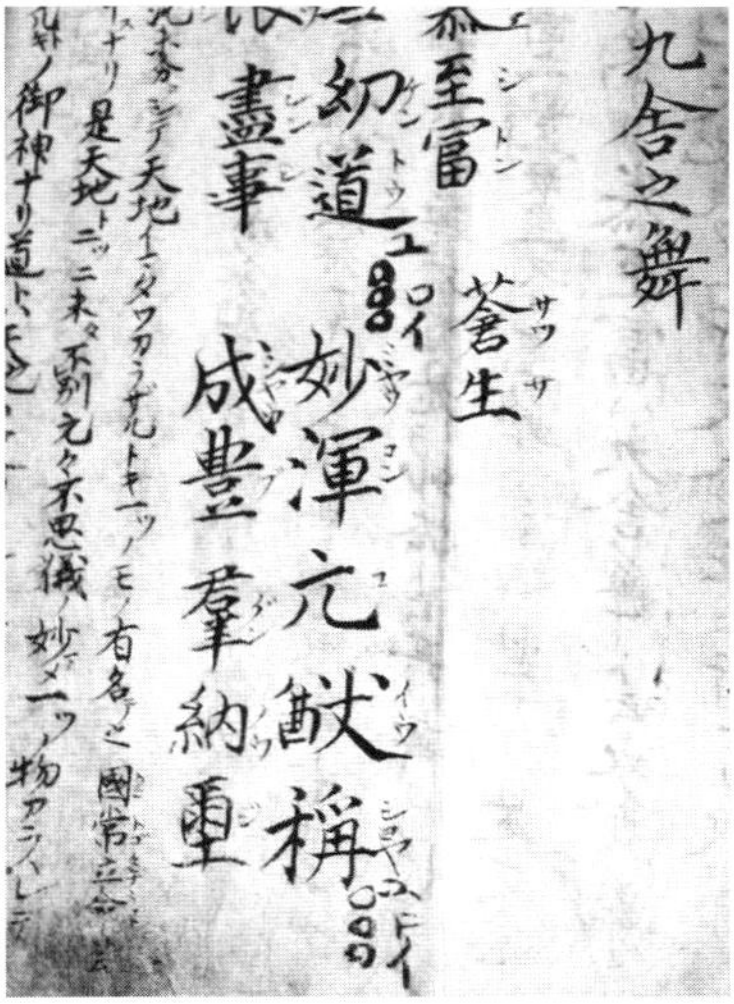

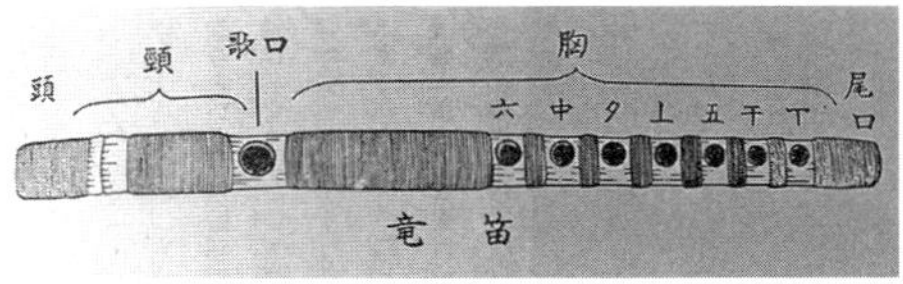

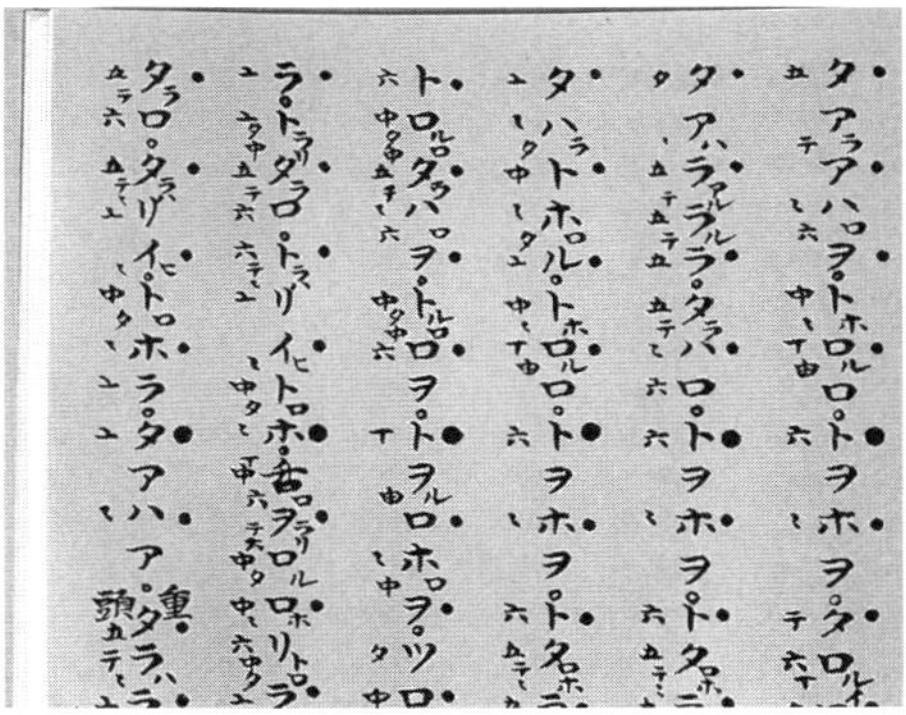

写真右上は、九舎の舞の龍笛の指づかいと唱歌の表記
写真右下は、瓊矛の舞の龍笛（笛の音）の唱歌（右側）と読み下し
写真左上は、龍笛の構造図。指孔の表記がある。（『雅楽鑑賞』の横笛の項を引用）
写真左下は、蘭陵王の龍笛譜。唱歌の左側に龍笛の指づかいの表記がある（『雅楽　龍笛譜』陵王の項を引用）

謹述之」とあるように、本文を書いた人物は、小瀧邑（こたきむら）の淵名舜庵である。

淵名舜庵は、本文中、七つの舞の部分で、漢文で舞がもつ意味を書きしるした。その漢文の右側には、龍笛や唱えことばの音をカタカナで書きしるした。漢文の左側には、漢文の読み下しを書きしるした。これが記述の原則である。この原則から判断すると、「チョウクライロ」のことばは、音を表現したものであり、龍笛の楽譜であることは、明らかである。

淵名舜庵が、内容をどのように伝えるのかと考え、表記したかを、理解できた。そして、『神事古實記』では、小児の舞をはじめ舞の唱歌を記述してあり、それが笛音（龍笛）の唱歌であることの証拠もそろった。

チョウクライロ舞の謎のことば、チョウクライロは、「祭法式の舞」で演奏する龍笛の楽譜のことばであり、唱歌が語源であったのである。

チョウクライロの語源の謎は、解けた。

音楽は、メロディになって初めて意味をもつ。ドレミファと同じように、チョウクライロのことば一つひとつは、ものを指し示す単なる記号である。龍笛の音階をしめす楽譜のことばなのである。したがって、チョウクライロということばそれ自体は、意味はもたない音表のことばなのである。

『神事古實記』では、天保九年の時点において、神事の七つの舞を総称して、「祭法式の舞」としている。チョウクライロ舞とは、総称表記していない。正式名称は、「祭法式の舞」としていたのである。

このことから、チョウクライロ舞という総称は、山形県河北町谷地の林家舞楽の「おひゃらどんが」のように、通称であることが考えられる。そして、神事全体の舞をチョウクライロ舞と総称するようになったのは、天保九年以降のことであろう。

林家舞楽を、非日常的な雅楽の演奏の龍笛と太鼓の音の擬音語をあわせて、人々は、「おひゃらどんが」と呼んでいるように、チョウクライロ舞も非日常的な龍笛の擬音語の「聞き做し」と唱歌が、花笠舞と、神事の総称となったと考えられる。

チョウクライロという語源の謎を探る長い旅はおわった。しかし、悠久の歴史をもつ鳥海山や象潟などの周辺各地の寺社、そして、歴史を物語る伝統的な舞を受け継いで活動している人々の魅力は、私を惹きつけて止まない。

あとがき

チョウクライロとは、ふしぎなことばである。

私が、この謎のことばと初めて出会ったのは、昭和五七年六月一五日のことである。社会教育団体の研修の引率で、当時、にかほ町（現在は、にかほ市）にでかけたとき、ねむの花が咲く鳥海ブルーラインをとおって、小滝の金峰神社に立ち寄った。すると、偶然にも、白いのぼりを高く立てて、例大祭が開催されていた。境内の土舞台では、チョウクライロ舞の神事がおこなわれていた。神事では、チョウクライロということばが繰り返し唱えられ、また、土舞台では、舞楽の陵王と納曽利の面をつけた舞人が舞っていた。

この三年前、私は、『地名私考　ジャガラモガラ　龍神伝説に秘められた真実』を上梓した。そのなかで、舞楽の陵王は、古代日本を突き抜けて、朝鮮半島、大陸をさかのぼり、古代インドにまで達するシルクロードの文化に裏打ちされた、とてつもなく深遠な文化を内に秘めたものであることを知った。その陵王・納曽利の面をつけた舞があり、意味不明なチョウクライロということばを唱える小滝金峰神社の神事は、私を、語源探究の長い旅に誘うことになった。

地名やことばは、歴史的時間の経過であるたて糸と、その舞台となる地域の自然条件や社会条件という平面がクロスする交点で生み出される。したがって、語源を解明するためには、そのことばを生み出したこれらの要件を明らかにしなければならない。しかも、論理的に実証し、証明する物的証拠が必要である。そうしなければ、論が真実に近づくことはできない。語源を究明するために必要なことは、総合学である。

文字の関　まだ越えやらぬ旅人は
道の奥をば　いかで知るべき　（狩谷棭斎）

この歌は、古典籍の異本校勘や古代制度の考証などをおこなった、江戸後期の考証家である狩谷棭斎（一七七五〜一八五三）のものである。陸奥国の信夫《しのぶ》捩摺《もじずり》と、道の奥（みちのく）をかけて、物事の根本となる文字、ことばを究めることなしに、真理の奥義に近づくことができようか、ということであろう。

　この歌と狩谷棭斎について、私の生涯の恩師である早大名誉教授の杉本つとむ先生が、日本語の研究の授業中に話されたものである。文字やことばを究めることが、物事の本質に近づく基本である、ということを、箴言として、私たちに語りかけてくださったのである。

　杉本先生は、また、「『六国史』は、必読書である。」とも言われた。いま考えれば、天からの啓示であったようにも思われる。「六国史」とは、『日本書紀』『続日本紀』『日本後紀』『続日本後紀』『日本文徳天皇実録』『日本三大実録』のことである。編年体で書かれた天皇の記録で、内容は、神代から仁和三年（八八七）八月までを収めている。七世紀以前から八、九世紀の日本の歴史的事項を研究するための基本資料となるものである。私は、先生から、「研究は、原典、原本、現場で」と指導いただいたことから、当時、「六国史」も原典に即して研究した吉川弘文館の「新訂増補国史大系」の「六国史」を買い求めてそろえた。今回、それを机のかたわらにおいて、今回の語源探究の旅に出た。

　国家の公的記録である「六国史」は、全文、漢字による記述であるため、辞書を片手に読み解いていくのは、多くの時間を必要とする。盛り込まれた内容は、天皇の詔、朝廷の動き、外交、内政、国全体の動向、各地方での出来事が記録してある。また、天体の動きから、地震、火山噴火、干ばつ、風水害、疫病の流行など天変地異に関することなどあらゆる分野のことが記録してある。したがって、天皇の国家運営方針から、政治・経済・文化など当時の社会情勢、時代背景や、日々のできごとが詳細に把握できる。また、平安時代に源順によって編まれた事典『倭名類聚鈔』などの基礎文献によって、いままで知りえなかったことが確認できる。

たとえば、現在の山形県と秋田県を含む地域は、古代において出羽国と呼ばれた。その出羽国はどのように形成されたかを、『続日本紀』で調べると、本文にも書いたように、つぎのような記事がある。

○和銅元年（七〇八）九月二八日、（元明天皇は）日本海側の越後の国を北に延張して出羽郡を設置することを許可した。

○和銅二年（七〇九）三月五日、「陸奥、越後の蝦夷は、野蛮な心があって馴れず、しばしば良民に害を加える」として、巨勢朝臣麻呂を陸奥鎮東将軍に、佐伯石湯を征越後蝦夷将軍に任じ、遠江、駿河、甲斐、信濃、上野、越・前越中の国々から兵士を徴発し、それぞれ、東山道と北陸道から、陸奥、越後の蝦夷・蝦狄を討伐させた。

○和銅五年（七一二）一〇月、陸奥国に属していた最上郡と置賜郡を分割し、これを含めて出羽国を建置した。

○霊亀二年（七一六）九月二三日、陸奥、信濃、上野、越前、越後の五国の百姓各一〇〇戸を、出羽国に移した。

これらをみると、元明天皇が、まつろわぬ東北地方の現地民を武力で鎮圧し、国を設置したあとに、そこに関東周国の人々を移民させ、国づくりをすすめたことがわかる。このように、時の大和朝廷が何を考え、どのように物事をすすめたかを読み取ることができる。

私は、三〇余年の間、チョウクライロの語源を究明したいと思い続けてきたが、それがやっと、かなった。

出羽国の真ん中に位置する活火山を、古代の人々は、大物忌神として崇《あが》めたてまつっていた。チョウクライロ舞は、人々の切なる願いをかなえるための神への祈りの儀式である。そして、人々の祈りの悠久の歴史を刻んできた神事である。その信仰のなかから生み出されたものが、チョウクライロということばであった。怨敵降伏、鎮護国家をかなえる神から、五穀豊穣をかなえる神へと、神の交替が生み出したことばが、チョウクライロであった。語源の謎を解くカギは、当初、予想もしなかった舞楽の龍笛にあった。神は、答えを準備してくれていた。私は、三〇年来の謎が解けたうれしさを語りかけたくて、平成二五年の九月に、奈良市で開催された日本環太平洋学会の総会のおり、私の推論を研究発表させていただいた。その段階では、まだ、仮説であった。裏付け資料がないことから、私の報告を聞いた方々にとっては、おそらく半信半疑のことであったと思う。

その後、論拠となる物的証拠をさがしていたところ、活字資料ではなかったものが、天保九年の『神事古實記』の原典資料にあたることによって、私の仮説を立証する証拠が見つかったのである。やはり、原本、原典は、研究の基本である。

ところで、社会構造の変化は、悠久の歴史をもつ神事の継承を難しくしている。しかし、人々の切なる願いをかなえるための神への祈りの儀式であるチョウクライロ舞の神事は、保存会の方々や、小滝の人々、行政が一体となって、努力を積み重ねていることによって、従来のすがたそのままに、脈々と受け継がれている。こうしたなかで、多くの人が、神事の原初の意図を確認して、その本質をみきわめていくことは、大切なことであると考えられる。

チョウクライロということばの語源を明らかにし、神事の原初の意図を確認するために、鳥海山信仰の拠点となっている神社仏閣に何度も足をはこんだ。また、訪れた場所は、出羽国であった秋田県、山形県のみならず、宮城県、新潟県、東京都、そして遠くは、奈良県、京都府にまで及んだ。訪れた場所では、初対面で見ず知らずの私に対して、みなさんは、こころよく、あたたかく応じてくれた。じつにありがたい思いであった。

河北町谷地八幡宮の宮司で、千有余年の悠久の歴史をもつ林家舞楽を継承されている林重見氏には、舞楽についてご指導をいただいたうえ、『舞楽図譜』と舞楽面の写真撮影までお許しをいただいた。そのことが、本書をまとめる基礎となった。また、本書の論拠となっている『神事古實記』を所蔵されている小滝の遠藤司氏には、原本の閲覧・撮影をお許しいただいた。

本書をまとめるにあたって、にかほ市象潟郷土資料館の館長で、学芸員の齋藤一樹氏には、『神事古實記』の原本の影印資料や関連資料の提供、原本の閲覧・撮影にお力添えをいただき、さらに多くのことをご教示いただいた。また、酒田市教育委員会社会教育課の菅原静香氏、栗原市教育委員会文化財担当の菅原一氏、糸魚川市教育委員会の文化財担当の高津嘉美氏には、関連資料の提供とご教示をいただいた。また、舞楽の管方でもあり、天童市清池《しょうげ》八幡神社の宮司鎌倉正幸氏には、篳篥や龍笛の実演奏をしていただき、唱歌について詳しくご教示いただいた。

そして、厳しいといわれる出版業界の状況のなかで、学文社の社長田中千津子氏には、拙稿をおひきうけいただき、深い造詣と幅広い見識で内容、文章のご指導をいただき、拙文を立派な本にして出版していただきました。

多くの方々のあたたかいご厚意によって、この本はまとまりました。こころより深く感謝いたします。

長瀬一男

二〇一四年一〇月一四日

参考・引用文献

坂本太郎・家永三郎・井上光貞・大野晋校注『日本書紀』上・下　日本古典文学大系　岩波書店　一九七七年
武田祐吉編『風土記』岩波文庫　二〇〇九年
直木幸次郎訳注『続日本紀』1　東洋文庫　一九八七年
宇治谷孟訳注『続日本紀』上・中・下　講談社学術文庫　二〇〇七年
黒坂勝美編『新訂増補　国史大系第三巻　日本後紀他』吉川弘文館　一九三四年
森田悌訳『日本後紀』下　講談社学術文庫　二〇〇八年
黒坂勝美編『新訂増補　国史大系　続日本後紀他』吉川弘文館　一九八三年
黒坂勝美編『新訂増補　国史大系　日本三大実録』吉川弘文館　一九七八年
黒坂勝美編『新訂増補　国史大系　日本文徳天皇実録』吉川弘文館　一九七七年
黒坂勝美編『新訂増補　国史大系　延喜式』前・中・後篇　吉川弘文館　一九五五年
加藤義成『修訂　出雲国風土記参究』今井書店　一九九七年
日本歴史大辞典編集委員会編『日本史年表』河出書房新社　二〇〇四年
林屋辰三郎校注『古代中世芸術論』「日本思想体系」岩波書店　一九七三年　特に、「教訓抄」・「洛陽田楽記」を参照。
藝能史研究会『日本庶民文化史資料集成』三一書房　一九七四年
塙保己一編『群書類従』吉川弘文館　一九六八年
押田良久『雅楽鑑賞』東京文憲堂　一九八一年
押田良久『雅楽への招待』共同通信社　一九八九年
東儀俊美監修『雅楽への招待』小学館　一九九九年
南谷美保『四天王寺聖霊会舞楽』東方出版社　二〇〇八年
淵名舜庵『鳥海山　金峯山　神事古實記』(天保九年)遠藤司氏所蔵　和綴本
天理教教会本部雅楽部『龍笛譜』天理教道友社　二〇一三年
谷地町誌編集委員会『谷地の舞楽精説』谷地町誌編集資料編第一〇輯　一九四九年

永田文昌堂編集部『佛説　阿弥陀経』永田文昌堂　一九八五年
和歌森太郎編『山岳宗教の成立と展開』名著出版　一九七七年
神宮滋『鳥海山縁起の世界』無明舎　二〇一一年
姉崎岩蔵『鳥海山史』国書刊行会　一九八三年
松本良一『鳥海山信仰史』本の会　一九八四年
式年遷座記念誌刊行会『鳥海山』鳥海山大物忌神社　一九九七年
須藤儀門『続　鳥海考』光印刷　一九八九年
鳥海山小滝舞楽保存会「小滝のチョウクライロ舞」
高橋富雄『古代語の東北学』歴史春秋社　一九九六年
伊藤孝博『東北ふしぎ探訪』無明舎　二〇〇七年
山形県史編さん委員会『山形県史　古代中世資料』山形県　一九七七年
遊佐町史編纂委員会『遊佐町史資料集　第一号　鳥海山資料』遊佐町　一九七七年
平田町史編纂委員会『平田町史』平田町　一九七七年
新山延年保存会編集発行『新山延年舞』一九八一年
明治大学経営学部居駒ゼミナール『新山の民俗』二〇一一年
地方資料センター編集『山形県の地名』「日本歴史地名大系」第六巻　平凡社　一九九〇年
電子辞書版『日本歴史大事典』小学館　二〇〇七年
薗田稔・茂木栄監修『日本の神々の事典』学習研究社　一九九六年
京都大学文学部国史研究室編『日本史辞典』東京創元社　一九八一年
中村元監修『新・仏教辞典』誠信書房　一九七八年
宮家準『修験道』講談社学術文庫　二〇〇一年
増田秀光編『修験道の本』学習研究社　二〇〇二年
このほかに、インターネット上で、ウィキペディアで関連項目について参照・引用した。
なお、本書における「金峰神社」の表記は、文化庁、秋田県、にかほ市の刊行資料の表記にしたがって、常用漢字の「峰」

を使用した。

『鳥海山　金峯山　神事古實記』（遠藤司氏所蔵　天保九年戌正月日、辟氏揖）体裁はつぎのとおりである。大きさは、タテ二四三㎜×ヨコ一七〇㎜。四針眼で表紙は薄い黄土色。序文は、「或書ニ日々…」からはじまり、「霊地なり」までとなっている。（二丁分）。本文は、三丁から一五丁まで、すべて十七丁分。無界で毎九行、約二二字詰。ただし、七つの舞の唱えことばなどの表記は、大文字になっている。本文の最後に、「小瀧邑　淵名舜庵　謹述之」とある。

本編の各団体の会長名は、平成二六年二月現在のものを記した。

附　資料　能「翁」の〈トヲ　トヲ　タラリ〉

能「翁」でのべられる〈トヲ　トヲ　タラリ〉の詞は、その語源が不明とされてきた。平成二五年、筆者が日本太平洋学会の学術会議で「チョウクライロ」の語源は、龍笛の「聞き做し」と「唱歌」で論理的に説明することができる、という内容を発表した。これに関して、京都市上京区の徳永勲保先生より、能「翁」の〈トヲ　トヲ　タラリ〉の詞も、「聞き做し」と「唱歌」ではないだろうかという、お話があった。このことについて述べてみたい。

能「翁」は、古くから伝わる神事儀礼の舞曲で、五穀豊穣・延命長寿・子孫繁栄を祈り、白式尉《はくしきじょう》の面の翁と、黒式尉三番叟と直面《ひためん》の千歳とで演じられる。

「翁」でのべられる初めの詞が、〈トヲ　トヲ　タラリ〉で、その語源について未だ解明されていない。

1 【〈トヲ　トヲ　タラリ〉の語源は何か】

能「翁」では、つぎのように、詞が謡されている。

―翁―

トヲ　トヲ　タラリ　タラリラ　タラリ　あがり
　　　　　　　　　　　　　　ララリ　ドウ
チリヤ　タラリ　タラリラ　タラリ　あがり
　　　　　　　　　　　　　ララリ　ドウ

所千代まで　おわしませ
我等も　千秋さむらはう
鶴と亀との齢にて
幸い心にまかせたり
　トヲ　トヲ　タラリ　タラリラ
チリヤ　タラリ　タラリラ　タラリ　あがり
　　　　　　　　　　　　　ララリ　ドウ

鳴るは　滝の水　日は照るとも
絶えず　トヲタリ　アリウドウ　ドウ　ドウ
絶えず　トヲタリ　絶えず　トヲタリ

所千代まで　おわしませ
我等も　千秋　さぶらはう

鳴るは　滝の水　日は照るとも
絶えず　トヲタリ　アリウドウ　ドウ　ドウ

【ここで「翁」の面をつける】

総角や　とんどや
尋ばかりや　とんどや

坐して居たれども
参ろ　おれんげりや　とんどや

千早ふる　神のひこさの昔より
我がこの所　久しかれとぞ祝い
そよ　やり　ちや　とんどや
千年の鶴は　万歳楽と　唱うたり
また　万代の池の亀は　甲に三極を備えたり

天下泰平　国土安穏の　今日の御祈祷なり

ありはらや　なじよの翁ども
あれわ　なじよの翁ども
そや　いづくの翁ども
そよや
（間）
千秋万歳の喜びの舞なれば
一舞　舞おう　万歳楽

（面をはずす）（舞台中央にかがみ、礼）（下手に退出）

2【考　察】

「トヲ　トヲ　タラリ　タラリラ　タラリ　あがり
　　　　　　　　　　　　　　　ララリ　ドウ
チリヤ　タラリ　タラリラ　タラリ　あがり
　　　　　　　　　　　　　　　ララリ　ドウ」

などの詞について考察してみる。

「トヲ　トヲ　タラリ　タラリラ　タラリ」の部分は、龍笛の楽譜に使われる文字であると思われる。龍笛の楽譜で使われるカタカナ文字は、ア・イ・タ・チ・ツ・ト・ハ・ヒ・ホ・ヤ・ヨ・ラ・リ・ル・ロ・ヲの一六文字である。いずれも「翁」で使用されている文字である。

つぎに、「あがり　ララリ　ドウ」は、龍笛と太鼓楽譜である。「あがり」は、雅楽の鞨鼓や太鼓、鉦鼓の演奏で、打ち方が細かくなったり、特殊な打ち方を示す言葉である。

太鼓を撥で打つのに、左手が雌撥、右手が雄撥である。雌撥は、太鼓面の左下を軽く弱く打ち、右手の雄撥は、鼓面の中央を強く打つ。

雌撥を打つことを、「津」の字を書いてズンといい、雄撥を百の字を書いて「ドウ」という。したがって、「あがり　ララリ　ドウ」は、龍笛に合わせて、太鼓の打ち鳴らしが早くなって、太鼓を雄撥でドウと鳴らすことを示している。

「チリヤ　タラリ　タラリラ　タラリ　あがり　ララリ　ドウ」も、これと同様に考えることが出来る。

3【「トヲ　トヲ　タラリ」は、何の曲目か】

この翁の唱える龍笛の「唱歌」は、何の舞曲か。

手元に、この詞と同一の龍笛の楽譜がないため、確認できないが、文字遣いから推察すると、壱越調（いちこつちょう＝「レ・ミ・ファ」の旋律の曲＝D旋律）の曲目であると考えられる。

曲目としては、翁の詞に「天下泰平　国土安穏の　今日の御祈祷なり」「千秋万歳の喜びの舞なれば　一舞　舞おう　万歳楽」とあることから、舞楽「万歳楽」とも考えられる。

舞楽─万歳楽は、唐楽・平調・中曲・延八拍子・拍子十、鳥歌万歳楽ともいう。舞人四人。則天武后の作と伝えられる。則天武后の飼っていた鸚鵡がいつも万歳と鳴くのでその鳴き声をとって曲にしたという。また、隋の煬帝は、鳳凰が賢王万歳と囀ったので、その有様を曲にしたともいう。

醍醐天皇が、嵐山の大堰川に舟遊びをしたとき、雅明親王がこの舞を上手に舞ったという。また、明治天皇の即位のときに、「太平楽」とともに舞われた。

壱越調で類似の曲目で、「トヲ　トヲ」から始まる曲目は、「小乱聲」「新楽乱聲」がある。

これらのことから、能「翁」の最初の「トヲ　トヲ　タラリ　タラリラ　タラリ」のことばは、その曲までは確認できないが、舞楽の龍笛の楽譜の「唱歌」であることがわかる。

4【むすび】

これまで解釈不明であった、能「翁」でのべられる〈トヲ　トヲ　タラリ〉の詞は、舞楽の龍笛の楽譜の「唱歌」であり、壱越調（いちこつちょう＝「レ・ミ・ファ」の旋律の曲＝D旋律）の曲目であると考えられる。曲目は、「万歳楽」とも考えられるが、現時点でその確認までは至らない。

【参考】

メロディは、三千院文書によると、七聲口伝で、「呂」の音階では、

宮—商—角—変徴—徴—羽—変宮—

タ　ラ　リ　イ　チ　リ　イ

レ　ミ　ソ　♭ラ　ラ　ド　♯ド

となる。

したがって、「タラリ　タラリラ　タラリ　あがり　ララリ　ドウ」は、「レ　ミ　ソ　レ

ミ　ソ　ミ　レ　ミ　ソ　ミ　ミ　ソ」となることが考えられる。

著 者 略 歴

長瀬《ながせ》　一男《かずお》

早稲田大学専攻科国語国文学科修了
日本環太平洋学会会員（奈良市）
総合観光学会会員（東京都）
天童郷土研究会会員（天童市）

住　所　〒994-0044
天童市一日町三丁目６番１号
電話　023-653-2419
E-mail　k.nagase1818@ya2.so-net.ne.jp

主な著書・論文

『地名私考　ジャガラモガラ　龍神伝説に秘められた真実』豊田太印刷所　1979年
『新しい視点の観光戦略』学文社　2009年（共著）
『天童氏と天童古城』天童市立旧東村山郡役所資料館　2005年（共著）
「山寺立石寺の創建に関わる流域試論」日本環太平洋学会　2006年
「林家舞楽の舞に秘められた真実」日本環太平洋学会　2006年
「龍王の舞に秘められた謎」日本環太平洋学会　2010年
「空海が垣間見た王朝の闇」日本環太平洋学会　2009年
「古代地名『那珂』の謎」日本環太平洋学会　2007年
「地名が物語る古代出羽国の建国」日本環太平洋学会　2013年　ほか

チョウクライロ―古代出羽国の謎のことば―

2014年11月１日　第１版第１刷発行

著　者　長瀬　一男

発行者　田中　千津子
発行所　株式会社　学 文 社
〒153-0064　東京都目黒区下目黒3-6-1
電話　03（3715）1501 ㈹
FAX　03（3715）2012
http://www.gakubunsha.com

印刷　新灯印刷
乱丁・落丁の場合は本社でお取替えします。
定価は売上カード，カバーに表示。

ISBN 978-4-7620-2483-2